戴永年　中国工程院院士

2018年戴永年院士与夫人赵瑞芳在昆明理工大学金婚庆典上的合影

2017 年 5 月戴永年院士给昆明理工大学冶金与能源工程学院教工党支部做“诚信踏实、坚守党性、为人民尽责”的主题党课报告

2017 年 5 月真空冶金国家工程实验室全体教师与毕业研究生合影

2015 年 9 月戴永年院士夫妇向昆明理工大学捐资 30 万元设立创新奖励基金

赵瑞芳（左一）、戴永年（左二）、王华（右一）

2019 年 3 月 1 日戴永年院士夫妇向昆明理工大学捐资 30 万元
创立“双一流”建设种子基金

夏永（左一）、杨斌（左二）、牛志亮（左三）、王学勤（左四）、赵瑞芳（左五）、戴永年（右五）、
张英杰（右四）、束洪春（右三）、马文会（右二）、王能民（右一）

2010 年 4 月 28 日在长沙看望黄培云院士（左二）及夫人赵新娜（左三）

2008 年 10 月 16 日与清华大学副校长陈旭（左一）、中国科学技术大学校长侯建国院士（右一）参观真空冶金国家工程实验室

2012 年 5 月 8 日邱定蕃院士（左一）、张国成院士（左三）在昆明云康园看望戴永年院士夫妇

2010 年 4 月 28 日戴永年院士去长沙参加中南大学首届杰出校友颁奖典礼

中南大学副校长胡岳华（左一）、张文海院士（左二）、戴永年院士（左三）、左铁墉院士（右二）、邓起东院士（右一）

2007年在滇院士合影，后排左起：黄润乾（已故）、马洪琪、孙汉董、陈景、周俊、苏君红、戴永年

2012年戴永年院士与夫人回母校通海一中访问，通海一中校长张向明（右一）

中国真空学会94成就奖颁奖会，黄良甫（左一）、林主税（左二）、庞世谨（左三）、戴永年（左四）

戴永年传

铄石流金

丁玉梅　曲涛　著

北京
冶金工业出版社
2019

图书在版编目(CIP)数据

戴永年传：铄石流金／丁玉梅，曲涛著．—北京：冶金工业出版社，2019.6

ISBN 978-7-5024-8053-0

Ⅰ.①戴…　Ⅱ.①丁…　②曲…　Ⅲ.①戴永年—传记　Ⅳ.①K826.16

中国版本图书馆CIP数据核字(2019)第049086号

出版人　谭学余

地　　址　北京市东城区嵩祝院北巷39号　邮编　100009　电话　(010)64027926

网　　址　www.cnmip.com.cn　电子信箱　yjcbs@cnmip.com.cn

责任编辑　张熙莹　美术编辑　彭子赫　版式设计　孙跃红

责任校对　李　娜　责任印制　牛晓波

ISBN 978-7-5024-8053-0

冶金工业出版社出版发行；各地新华书店经销；三河市双峰印刷装订有限公司印刷

2019年6月第1版，2019年6月第1次印刷

169mm×239mm；12.75印张；4彩页；170千字；195页

69.00元

冶金工业出版社　投稿电话　(010)64027932　投稿信箱　tougao@cnmip.com.cn

冶金工业出版社营销中心　电话　(010)64044283　传真　(010)64027893

冶金工业出版社天猫旗舰店　yjgycbs.tmall.com

前 言

2009年11月2日，我第一次见了到戴永年院士。这一年，国家连续发布了关于抑制部分行业产能过剩的相关意见，其中要求各地严格控制新建的多晶硅项目，在当时云南的多晶硅产业正蓬勃发展。综合采访了行业情况后，我联系到了戴院士，想请他从专业的角度为云南多晶硅的未来“诊脉”。

那时，我大学毕业初入报社，年轻识浅。那个温暖的冬日上午，在真空所三楼的办公室里，他对我有问必答，一聊就是45分钟，直至秘书进门善意提醒他该去卫生间了。我这才知晓，80岁高龄的他已被膀胱癌困扰多年。我满怀歉意离开，他微笑着送我至门口。我惶恐回头致谢，看见墙上挂着一幅字：立于德　成于学　展于创　益于民。

未曾想，十年后我能有机会为戴永年院士写传，受宠若惊亦诚惶诚恐。心怀敬畏，再度访谈戴永年院士，他精神矍铄、思维敏捷，回忆起往事，嘴角露出的微笑，一如十年前。

在完成传记的过程里，我一直试图寻找戴永年院士何以成为德高望重的科学家？抽丝剥茧中惊觉，十年前我已看见了答案：“立于德、成于学、展于创、益于民”这就是他一生最好的注解。

戴永年少年立志“做有益于人民的事”。真诚率直，刚毅坚卓如他终身为之努力。有人说，这是一个信仰缺失的年代，“益于民”这样的字眼被解读得大而空。穿越时空，纵观戴永年此生，我们终得窥见大道至简，震撼人心。在国家命运激荡的洪流里，戴永年院士经历了以学识服务家乡建设到投身民主革命，负伤后重返校园再肩负起科技兴国的责任。在百花齐放的春天，戴永年院士百折不挠身先士卒，21年潜心铸一炉。功成名就，戴永年院士老病缠身依然创新不息，心系未来。

沧海桑田，唯有初心不变。

诠才末学，千虑一得，拙记戴永年院士一生，不求留名只愿将这份初心剖开，让我们仰望星空，也脚踏实地。

这本传记终得成稿，尤其要感谢戴永年院士及夫人赵瑞芳教授为我们口述历史，让这本书有了清晰的脉络；还要感谢昆明理工大学杨斌教授、马文会教授、姚耀春教授等为我们回忆戴永年院士的逸闻趣事；感谢文中所有的受访者，为我们积累了大量的第一手资料；感谢昆明理工大学档案馆提供了珍贵的史料，让我们有据可考。

以传之名，建心灵之故乡，戴院士“真、正、实”的科学家精神滋养着你我。

丁玉梅

2019年1月7日

目 录

七　老骥伏枥　志在千里

附录

一

少年立志　家国为本

- 父慈母爱
- 初入学堂
- 日军轰炸昆明
- 通海避难
- 文庙续学
- 小城学习多元启蒙
- 报考云大矿冶系
- 勤工俭学
- 亲历“七·一五”运动
- 加入中国共产党
- 身负重伤　慈母离世
- 回昆疗伤遗留“脱党”问题

父慈母爱

1929年2月9日（农历正月初九），戴永年出生在昆明翠湖边的景虹街。他的祖籍在云南省中部的通海县秀山镇，父辈们也一直生活在那里。戴永年出生在昆明，这源于父亲戴逢礼（字敬臣）在戴永年出生两年前做了一个他一生中最重要的决定——举家迁至昆明。

通海秀山因山色秀美、匾联众多而名冠滇中，素有“秀甲滇南”之美誉。秀山之麓，文庙街22号便是戴家老宅，这是通海古城内一座极为普通的清代民居，青砖粉墙，木楼小院，院中井水清凉甘甜，墙角缅桂绿影婆娑，花桩盆景点缀其间。在这青石板路小巷里，戴家的宅院和阁楼显得清幽别致、静谧和谐。

戴永年位于通海古城的故居

据戴永年家谱记载，曾有13代戴家人在这里居住过，至戴逢礼这代，戴家的子孙日渐稀少，人丁已不像上几代那么兴旺了。深受传统文化的影响，戴逢礼背负着家族的期望，早早地就在这小宅院里娶妻生子了。

戴逢礼幼时读过一段时间的私塾，写得一手好字，也精于做账。妻子王淑卿像千万中国传统妇女一样，是个贤淑善良的女子，和戴逢礼成家后，相夫教子，操持家务。夫妻二人相敬如宾、恩爱和睦，靠祖上传下来的几亩田租过着宁静而普通的生活。其间，戴逢礼偶尔会做些收屯生意（收买货物，中间赚取一点差价），来补贴家用，一家人的日子过得还可以。

但在这个小家庭里却有着让夫妻二人痛彻心扉、不忍言谈的事。由于早婚早育，加之当时落后的医疗条件，两人生育的孩子大都相继夭折了。戴逢礼夫妻二人在通海时前后共生育了十多个孩子，一次次满怀希望悉心呵护，最后却只有一个女孩长大了。

丧子之痛和传宗接代的古训，使得戴逢礼内心深感愧对父母和戴家的亲人。在街坊邻居们异样的目光中，夫妻二人背负着巨大的心理压力。有人善意地提醒戴逢礼挪挪窝，换个地方也许会好些。可一想到背井离乡，他还是犹豫不决，从小就被灌输了“在家千日好，出门事事难”的家乡宝观念，若要到一个陌生的地方谋生，举目无亲，还带着一个小脚女人去闯荡，未来会有多么艰难！但一想到孩子，换个环境或许生活会有变化，戴逢礼终于做出了一个大胆的决定：搬家！

戴永年的父亲戴逢礼

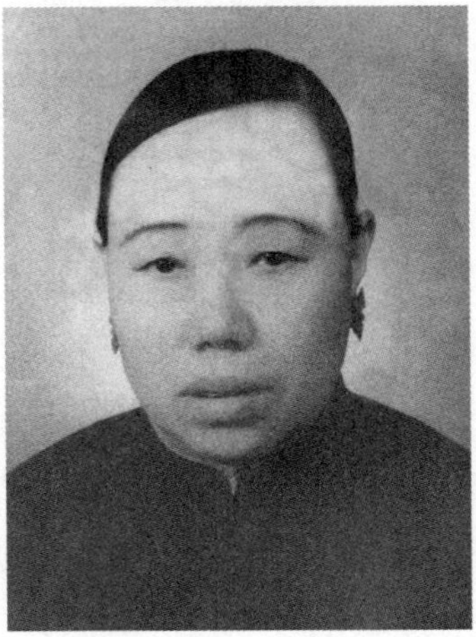

戴永年的母亲王淑卿

1926年，戴逢礼举家搬迁至省城昆明。当时，王淑卿的二妹在昆明定居，在翠湖边开了家“容芳照相馆”，那是当时昆明最早的照相馆之一（仅次于“二我轩”），生意做得还算顺利。戴逢礼一家搬到昆明后，就在翠湖边上的景虹街租了一间小平房住了下来。戴逢礼在“容芳照相馆”帮着做账，王淑卿则帮着打点杂务，一家人也就凑合着安顿了下来。

新环境、新生活让夫妻二人从沉重的精神枷锁中解脱出来。时日一久，他们渐渐地习惯了帮人的日子，过着简单朴素的生活。慢慢地他们也体会到，出门谋生并没有想象中那么可怕。更让人高兴的是，刚到昆明的第一个月，王淑卿就怀孕了，这个孕育在异乡的小生命让夫妻俩有了新的期盼。

怀胎十月，王淑卿顺利地诞下一个女孩（戴永年的二姐）。戴逢礼全家细致入微地呵护着孩子，唯恐再有半点闪失。直到孩子顺利过了周岁，一家人才松了口气。戴逢礼夫妻终于走出了孩子过不了周岁的阴影。

戴家搬迁到昆明的第二年，也就是1929年，家中唯一的男孩（按戴家有记载的家谱排列，他是第十四代子孙）在父母和亲友们的期待中降生了。孩子满月那天，父亲亲手为他戴上长命锁，取名为“永年”，寄托着长命富贵的愿望和两颗拳拳父母心。

初入学堂

虽然当时在昆明寄人篱下，生活清贫又艰辛，但戴永年及二姐的降生为戴家带来了幸福、希望与快乐。戴逢礼看着永年一天天长大，度过百日，走过周岁，开始牙牙学语，蹒跚学步，心中的喜悦真是无法言说，他感到生命有了新奔头，人生有了新希望。王淑卿更是把儿子当成宝贝，捧在手里怕摔了，含在口中怕化了，无微不至地照顾着他，小永年的一举一动都会牵动她内心那根最敏感、最脆弱的神经。戴永年成了双亲的精神支柱，成了全家人关注的焦点。可以说，他的婴幼儿时期，就是在父母无微不至的关怀中度过的。

时光飞逝，转眼戴永年六岁了，戴家搬迁到昆明已经是第八个年头。戴逢礼这几年踏实勤奋地工作，全家人有了可以在昆明继续生活下去的积蓄，一家 5 口终于可以如一般昆明市民那样坦然地安心过日子了，他们不再觉得自己是这个城市的过客，渐渐与这座城市融为一体。虽然，戴逢礼不再是当初那个瞻前顾后的家乡宝，但他也心存遗憾，遗憾自己读书太少！他希望儿子能实现他没能实现的愿望，做自己没能去做的事儿。

戴逢礼决心要让儿子戴永年成为一个读书人，走一条他和祖辈们没能走过的路。可以说，戴逢礼当时对孩子教育的重视，已经远远超出了一般老百姓的认识。也是父亲的真知灼见，给了戴永年打开未来梦想大门的钥匙。

1935 年，戴逢礼全家从翠湖景虹街搬到武成路的中和巷。这一次搬家，是为了能让戴永年就近进入昆华女中附小上学（现在的武成小学）。据戴永年回忆，当时他们住的地方是一个很大的两层楼院子，有很多人家共同居住在里面。戴家租了里面二楼的三间屋子，这与刚来昆明时居住的条件相比已有了很大的改善。

刚进入小学堂的那段日子，父亲每天都要送戴永年去学校，等他熟悉了道路之后，才放心让他独自背着书包去上学。每天清晨，在小贩叫卖早点的吆喝声中，戴永年踏着湿漉漉的石板路，开心地上学去。因为是家里唯一的男孩，父母每月都会给他两毫零用钱。只要是正当要求，父母都会尽量满足他。那个时候的戴永年，少年不识愁滋味，过着无忧无虑的生活。放学时，他经常会到家附近的翠湖公园游玩，他在玩乐中体验着自然的神奇。翠湖是前人依地势、水势之利而构建的人造园林小湖。戴永年在幼年时期，就经常跟随姐姐到翠湖玩耍。每每到湖边，他总会瞪大眼睛盯着那些叫不出名的花草树木和湖光水色出神。花草上的蝴蝶，树木中、水波上的禽鸟都让他深深着迷。翠湖里的水随着阳光的变化，时而清亮晶莹，时而银白刺眼，到了傍晚时分又鎏金灿烂，仿佛进入了一个童话世界。翠湖的湖光美景、花鸟虫蝶让戴永年流连忘返、百看不厌。

小学时代的戴永年

日军轰炸昆明

抗日战争初期，随着日寇的疯狂进攻，华北、华东、华南大片国土沦陷，西南成了抗战大后方。一时间，中央军政机关、重要企业、文化机构等云集昆明，大量人口涌入，昆明实际成为中国抗战后方政治、经济、文化的中心。尤其随着滇缅公路的抢修完成，昆明是外援物资的主要集散地，这里也成了日寇轰炸的重点目标。除对巫家坝机场、航空学校、兵工厂等军事目标频繁空袭外，昆明市非军事设防区的居民区也遭受了狂轰滥炸，造成了巨大的人员伤亡和财产损失。

1938 年 9 月 28 日，昆明城上空响起了刺耳的防空警报，这是日军飞机首次空袭昆明。上午 9 时 14 分，敌轰炸机 9 架经广西邕宁、西林入滇，到达昆明上空，在巫家坝机场投弹80余枚，市区西门外潘家湾、凤翥街等地投弹34枚，炸死119人、伤83人，毁屋65间、震倒130间。而这次日军空袭云南也是进攻抗战大后方的开始[1]。

当天，长途奔袭至昆明上空的日军轰炸机，对原本美丽又宁静的春城实施狂轰滥炸。昆明市民和大批难民都没有见过这样的阵势，一大批飞机轰鸣着一字排开向城区压来，大家一时不知所措。

年纪尚小的戴永年经历了这次可怕的轰炸。对当天的经历，他回忆，尖锐刺耳的防空警报拉响后，正在上课的他在授课老师的指挥下与同学们从教室疏散出来，寻找躲避的地方。由于学校离家比较近，他背着书包就往家跑去。到家门口，遇见了手足无措的父母和两个姐姐。由于当时昆明对日军的轰炸基本没有任何防备，没有一个可供躲避的安全地带。于是父亲只能带着全家向昆明城西郊外跑去。当时一家人都没来得及收拾任何东西，就匆忙奔出了家门。出门才发现大街上已经挤满了恐慌的人群，大人们的呼喊声，小孩子的哭叫声，交织成一片，场面混乱不堪。

父亲拉着戴永年一路奔跑直至现在潘家湾的位置才敢歇歇脚，一回头才猛然发现逃命途中妻子与两个女儿都被人群挤散了。戴逢礼懊恼不已，想回头去寻找，可那混乱的场景和拥挤的人群让他完全没办法拉着戴永年再挤回去。爆炸声已是此起彼伏，人群被爆炸火焰冲散开来，父亲拉着戴永年冲进了潘家湾的一个土地庙里。当时这一带基本上就是一大片田地，土地庙就在田地的中央，进了庙后，父亲把戴永年紧紧抱在怀里，半蹲着坐在一个石凳上，整个人严严实实地盖在他的身上。戴永年在几次的采访中回忆起那天的经历，都会清晰地记得父亲把自己紧紧搂在怀中的情形，也总是感慨父母对子女无私、无边的爱，也总反反复复地与周围人提起孝道的重要。

[1] 夏强疆，《抗战时期的云南社会》，云南省档案馆。

“（当时就在）一个小庙，我父亲就坐在石凳子上，我就坐在下面，他就用背挡着我，意思是（如果）出什么问题（他会）挡着我，我就感觉到他那个思想，要是什么掉下来他就挡着，保护着我。因为那个时候，日本飞机就在上空，很响，那时的飞机多半都是螺旋桨飞机，特别响，声音很大，所以在上面飞过的时候听得见，当时我也没感觉到什么，现在回想起来，父母对儿女的爱真是没法形容，感觉到他宁可用自己的身体保护你。所以我才感觉到中国古书里讲这个孝，孝敬父母，为什么要孝，古书有一本叫《孝经》，他第一句话就是，身体发肤，受之父母，不可毁伤，孝之始也。”[1]

被父亲拥抱在怀里的戴永年几乎没有感觉到害怕，他清晰地听到父亲那急速的咚咚心跳声。这心跳声，在戴永年的记忆中始终没能抹去，父亲是宁可自己受伤也不愿让儿子受到哪怕一丁点儿的伤害。一个平凡的父亲，在当时混乱、无助的状况下，他也只能用自己的血肉身躯来保护年幼的孩子。

到傍晚，天色渐黑，日军终于停止了轰炸。在夜色的掩护下，父亲拉着戴永年回到了家中。此时，母亲和姐姐们也已经安全地回到了家里。原来，母亲小脚跑不快，姐姐和她就近躲了一下。万幸的是全家人都没有受伤，平安地回到了家。

从那以后“跑警报”成了昆明市民的家常便饭，有时一天来回跑两三次警报。很多人都到过潘家湾一带避难，由于昆明气候较好，时常是晴空万里，日军的飞机能很清楚地锁定地面的目标，就专朝人群密集的地方扔炸弹。所以，很多人都不幸在那里失去了生命。

据 1945 年 12 月云南防空司令部编《云南防空实录》统计，日军敌机从 1938 年 9 月 28 日至 1943 年 12 月 25 日，先后 41 次袭击昆明，出动飞机 849 架，其中一天 25 架以上者达 17 次，最多一天达 45 架；投弹 2723 枚，其中含杀伤力大的空中爆炸弹；炸死 916 人、

[1] 戴永年访谈，昆明，存于采集工程数据库。

伤 1514 人，毁房 22316 间。被敌机零星投弹或扫射流弹所伤者不计其数。空袭给昆明广大人民造成深重灾难，数千家庭破碎。有的全家罹难，有的仅幸存幼童或老人。

通海避难

戴永年的父亲和母亲商量，决定带全家人回通海老家避难。这一夜注定是煎熬的，特别对于戴永年的父母而言，他们担心全家人的安危，唯恐这一夜再有半点意外，整晚都没敢合眼。

第二天，天刚蒙蒙亮，父亲就叫醒戴永年三姐弟，带着连夜收拾好的行李出发了。一家五口先到了潘家湾南部的篆塘，那儿有到晋宁的客船，先行水路到晋宁，然后再转道去通海。当时，在云南这样的高原多山的地区，能走水路算得上是最方便的行程了。篆塘河，始辟于元代至正年间，明清两代均进行过疏浚，是旧时昆明通往昆阳、晋宁、呈贡等地的水运码头，戴永年全家就乘这条水路奔赴晋宁。

戴永年回忆，那天四处逃难的人非常多，上船后全家就挤在了甲板下边的船舱里，船小人多，在拥挤、嘈杂的船上，大家困极了，只能我枕着你的胳膊，你压着我的腿便酣然入睡。

经过一夜的水路，第二天早晨终于抵达晋宁。戴逢礼找到了附近一家马店，这是一种上面住人，下面拴牲口的客店，全家人将就着暂时安顿下来。本打算直接回通海，但连夜赶路，加前一夜几乎未合眼，拖家带口的逃难让全家人都身心俱疲，于是戴逢礼决定暂时在晋宁待上一段时间再做打算。晋宁虽然离昆明很近，所幸没有成为日军轰炸的目标，戴永年全家也渐渐地从逃难的恐慌中缓过神来。

戴永年记得在晋宁的那几天大约正是农历八月十五左右，幼时能有这样深刻的印象源自那段时间当地家家户户都在做月饼，直径大概有二十多厘米的样子，上面有各种各样的图案，馅的种类也很多，口感甜酥醇厚，对美食的记忆多少淡化了战乱对他幼小心灵的冲击。

戴永年全家在晋宁躲避了一个月左右，父亲打听到，日军对昆明的轰炸并没有停止，反而愈演愈烈了。戴逢礼顿时觉得不安，看来晋宁也不是长久之地，谁也无法预料日军的轰炸什么时候能停止，又会不会波及晋宁。全家人的安危再度成迷，戴逢礼决定还是回通海，远离昆明为妙，于是他又带着全家人出发了。到玉溪后，他们住了一晚，又经过一天的跋涉，终于回到了他们阔别许久的故乡——通海。

文庙续学

回到通海后，戴永年一家住进了文庙街自家的小院，这是戴永年第一次真正回到自己的家，与昆明相比，这里要安静清幽很多。虽然只与昆明相隔 145 公里，却听不到让人心惊胆战的防空警报声。日本侵华战争中，小城通海是云南为数不多的日本飞机没有投过炸弹的地方之一。心脏不好的母亲终于可以在老家的小楼上睡个安稳觉，担忧着一家老小安全的父亲也放下心来，他每天还是留心关注着昆明时局的变化。

虽然在战乱中匆忙逃离了省城，戴逢礼并没有因此中断了戴永年的教育。他回通海的第一件事就是把戴永年送进通海秀麓小学读书。在戴永年的成长道路上，父亲实际上也承担了一部分他幼年时期的启蒙教育责任。上过几天私塾的戴逢礼，在家里珍藏了些古籍，空闲时总会拿出来翻翻。而其中的《三国演义》《封神榜》《西游记》《草木春秋》之类的藏书也成为戴永年最早接触到的典籍。日常，戴逢礼的唢呐吹得还不错，经常与同伴一起弹洞经。戴逢礼这些好学、开朗的性格也烙印在幼年时期的戴永年身上。

把儿子培养成一个读书人，让他走一条与祖辈完全不同的生活道路，这已成为戴逢礼做父亲的坚定不移的人生信念。在这个信念下，他感到自己的人生有了更深刻的意义，一种从未有过的幸福和充实让他觉得自己的生命仿佛就是为儿子而生。也是他这样的信念，在那个战乱年代，为戴永年守护着进入知识殿堂的大门。

通海老家小小的庭院里，戴逢礼最大的快乐就是戴永年放学后或是假期里督促他读书练字。那段时光的启蒙教育主要是传统文化的熏陶，戴永年如今还能清晰地回忆起幼时在父亲监督下背过的书，甚至那时的诗句还能朗朗上口：

“到了通海，没几天（父母）就把我送到秀麓小学。平时，在家我父亲教我读《幼学》，这本书现在还有，叫《幼学琼林》。他叫我背那本书，那本书不好背，太深（奥）了，大概背了半本，现在记不起了。因为这个书啊，你要懂了后才记得，我只记得几句，‘混沌初开，乾坤始奠’‘气之轻清，上浮者为天，气之重浊，下凝者为地’。现在我只能背几句，那个时候是小段小段的背，每天背一小段，每天背一小段，背了半本。那个时候还读《三字经》《千字文》，那时（这些）是在家里读的。”[1]

[1] 戴永年访谈，昆明，存于采集工程数据库。

通海自古以来就是文教昌盛之地，文脉悠久，在一县范围之内，曾先后建有三座文庙，这不仅在云南省罕见，在全国也十分少有，如今仅存通海文庙和河西文庙，曲陀关文庙在元末明初时毁于战乱。

当时戴永年所在的秀麓小学便设于通海文庙内。汉代“独尊儒术”后，孔子被封建统治者奉为圣人，在孔子故居立庙纪念和祭祀孔子，后来全国各地都受到孔子学说影响。唐贞观四年诏令州、县皆立孔庙，尊孔之道遍及全国，文化教育机构也多设在庙内，故又称学官，唐玄宗时封孔子为文宣王，又称为文宣王庙。明朝以后称文庙至今。通海文庙位于通海县城南隅，南北向，为中轴线分幢迭起单体组合式古建筑群，主体建筑包括文明坊、大成门、大成殿、崇圣祠、阐经阁、尊经阁。

通海文庙

对在文庙念书的经历，戴永年回忆：

“在学校就读那个时候的教本，第一课，小小猫，跳跳跳。我们那时是初小，高小都不是这样，那么高小那个时候老师打教鞭，对调皮的学生，拿竹片打手。教室就在文庙里面，通海那个文庙还比较大，它有东府、西府。”❶

❶ 戴永年访谈，昆明，存于采集工程数据库。

当时，秀麓小学的老师对学生的要求相当严格，这或许与通海历代一直重视文化教育有关。如果在课堂上有学生调皮捣蛋，会受到“炒笋片”的惩罚。据戴永年回忆，所谓“炒笋片”就是用竹片打手板，这是老师对调皮捣蛋、不守纪律的学生的一种惩罚。也是秀麓小学老师的严格执教，让戴永年在启蒙教育阶段就深深意识到，一个人要对自己的行为负责，犯错误了就会受到相应的惩罚。

绵延至昆明的战火打乱了戴永年的学习，但回到通海后父母殷切的期望和师长的严格要求，让他得以保持了正常的学习节奏，甚至维持着较高的学习水平，这段时期，他对理科表现出特别的兴趣，尤其喜欢做理科练习中打“※”号的题目。

抗日的烽火燃遍了大江南北，通海小城上空也响起了救亡的歌声，然而在家人的呵护下，战争似乎离童年的戴永年又很远。年少的他在弥漫着林木清香的秀山脚下自由快乐地成长。秀山的灵气，文庙的古风，熏染出他沉静而又不失灵动的性格；严师的教诲，慈父的关爱，在他意识中种下了好学上进的种子。这些也让戴永年在未来的求学和工作中一直保持着勤学上进的积极状态。

回忆起那段时光，戴永年心中满是对父母的感恩，父母竭尽所能，在战火纷飞的年代，为他搭建了一个宁静而稳定的家园，让他得以健康成长、静心修学。特别是戴永年的母亲，虽然她不过是一个识字不多的家庭主妇，但是内心却极有见地。她知晓生活的艰辛，却也深深懂得培养下一代的重要，在那个环境不稳定、物质也极度匮乏的年代，她付出自己所有的心血，节俭计划、操持家务。戴永年幼时最喜欢母亲做的咸菜，那味道、色泽至今令他难以忘怀。在母亲膝下，戴永年虽然未能听到关于阿基米德、达·芬奇、牛顿、达尔文和爱因斯坦等科学名家的故事，但她却用简单、质朴的知心话语，告诉戴永年做人要对家庭、社会尽职尽责，对生活、对做的一切事要有信心。父母勤劳坚韧、积极乐观、睦邻和谐，这些都深深根植于幼年戴永年的心中，并成为他未来生活中除知识储备外珍贵、美好的人生积淀。

抗战14年期间，中国的大好河山沦落在日本侵略者的铁蹄下，这场空前浩劫降临到千千万万中国人民头上难以一一言表，戴永年的少年时代本也应该过得无忧无虑、美好而天真，但在那战火纷飞的年代，让他从小就亲眼目睹了侵略者在中国的横行，也饱受战乱带来的颠沛流离、惊恐与不安。受益于父母的庇佑和师长的教诲，戴永年幼小的心灵里种下了奋发自强的种子，促使他少年时期如饥似渴地学习各种知识，无论在多么拥挤的宿舍，还是在多么嘈杂的环境，他总能静下心来认真学习。也就是这场劫难让他明白了，国家一定要强盛，才不会被外辱，是中华民族落后了、软弱了才会遭遇欺凌挨打。

小城学习多元启蒙

快乐而充实的时光总是过得很快，转眼戴永年高小毕业，该进入初中学习了。通海中学也在通海的文庙内，当时通海中学已经有了晚自习。苦于那时候没有电，每个学生都得自己做一个小油灯，上自习的时候就借它照明。这个小油灯一般都是用墨水瓶在盖子上面钻个洞，用棉线做一个灯芯固定在瓶盖上，瓶内装点菜油，点燃灯芯就可以就着微弱的亮光看书了。小油灯亮光闪烁，油烟也乎乎窜开，往往一个自习下来，孩子们的鼻孔里都会被熏得黑黑的。这样的学习条件固然很艰苦，却鲜有人缺席早退，在戴永年记忆里，同学们学习起来都很努力。

当时任通海中学校长的名为戴文光，毕业于西南联大。他从云大、西南联大请来不少进步青年到校任教，那时的通海中学呈现出一派民主和自由的新气象❶。

这些受聘于西南联大的进步青年大都家里比较贫困，为了挣些积蓄缓解经济压力，以顺利完成学业，学校容许他们休学一年到昆明下属县城任教。这些学生都会跟学校签一个协议，一般都是一年或半年一签。朝气蓬勃、见多识广的大学生们来到通海一中，给学生们送来新鲜的知识，还有各种新思想。据戴永年回忆，他们大都课讲得非常好，有的还多才多艺，跳舞、唱歌、诗歌朗诵样样精通，让小县城里的中学生们大开眼界。戴永年如今还能回忆起当时给他们带来新鲜空气的老师们。

“我印象最深的是一位姓刘的老师，他耍火棒特别厉害，每次看他表演，都会看到两根火棒在他全身上下飞舞，整个人像是被两个硕大的火蝴蝶包在里面，我们都会看得出神，所以在课余的时间里，我们都特别期待他的表演。”❷

这些大学生老师对戴永年的影响很大，他在当时很敬佩甚至很崇拜他们，他们锐意进取、独立自主的精神也深深影响了戴永年。

这时期，通海中学成立了学生自治会，学生能参与到学校的日常管理中，学校逐步培养出民主治校、思想自由、师生平等、尊师重教、努力读书、关心国事的新校风。这样的学习环境也影响着戴永年开始关心时事，启蒙内心向往民主、自由。此时，连他自己都没有意识到的家国情怀，逐渐在他心底萌芽生根。

读书是每一个孩子获取知识，走近科学的必由之路。阅读科普图书应该是当时青少年接触科普知识的最佳途径了，正是这些来自西南联大的大学生们随身带来的书本，让戴永年陆续接收到一些启

❶ 参考通海一中建校 70 周年纪念文集第 5 页。

❷ 戴永年访谈，昆明，存于采集工程数据库。

蒙的科普知识。戴永年的少年时代，正处于抗日战争爆发，全族奋起抗战的时期。昆明地处祖国西南边陲，云集了内地不愿意做亡国奴的专家学者、科学家、学生和社会各界精英，使昆明出现了抗战大后方独特的人流、物流，出现了空前的经济、文化繁盛和教育大繁荣的景象。这样的文化南迁的现象在一定角度来看，也成为戴永年此生难得之福，使他得以接触到常规环境下也许无法接触到的身怀绝技的老师，他们随名校迁移而来，带来了新鲜的知识和前瞻的思维，这些也成为戴永年启蒙教育时期难得的际遇。

在通海生活和学习的这几年，让戴永年深感基础教育的重要性。每个人起步时就如一张白纸，如果在这个重要的人生阶段，有严父慈母的关爱、老师们悉心授业解惑，将会让人在未来的道路上少走许多弯路。戴永年在这样的环境里受到多元启蒙，对自己未来人生道路该如何走已经有了朦胧的认识。从小亲近大自然，让戴永年深感自然的神奇与伟大；能大量阅读课外科普读物和接触思想活跃、科学知识渊博的老师，使他进一步崇尚科学、崇拜科学家。这些都在戴永年小小的心中植入了一颗颗种子。

报考云大矿冶系

戴永年全家在通海老家一住就是五年，转眼他就该初中毕业了。当时通海还没有高中，儿子继续读书的问题又成了戴逢礼心中的头等大事。为了让戴永年能继续学业，1942 年戴逢礼开始筹划回昆明。

此时，戴永年在昆明做皮货生意的三舅已在景星街盖起了自己的房子，戴逢礼先行一步借住在亲眷家，并筹划着全家搬迁的事宜。

由于戴逢礼勤劳、诚信，又肯动脑筋，没过多久就自立门户，独立开了间玻璃店，集老板、伙计于一身，虽然日常工作很辛苦，总算有了些经济基础，也为戴永年能回昆明读书打下了物质基础。

1943 年春天，戴永年从通海中学毕业，跟随父亲来到昆明考高中。由于昆明春季招生的学校不多，他又不想耽误学业，于是就近考入昆明市黄土坡附近的建设中学。当时，校舍基本都是土坯房，课桌是一些大的木板钉在一起，学习条件较为艰苦。在建设中学念了一个学期后，戴永年又参加了秋季招考，考入了云大附中。在云大附中，戴永年喜欢上了体育运动，学会了游泳和打棒球。

一年后，戴永年的几位来自通海的老同学考入了省立龙渊中学，他在通海的五年里与这些小伙伴建立了深厚的友谊，于是就又请父亲托人将他的学籍从云大附中转入了龙渊中学。解放后，龙渊中学并入了现在的昆明第一中学。

此时，戴永年进入中学学习，已没法单纯做到“一心只读圣贤书，两耳不闻窗外事。”无论在哪一个时期，国与家的命运总是被裹挟在洪流中，身处其中的每一个人没有谁能置身其外，当时是中学生的戴永年也一样。

1945 年，国共两党签订的《双十协定》墨迹未干，国民党便背信弃义，向华北、东北、华东、华中各解放区发动进攻。处于全国民主运动中心的昆明青年首先行动起来，迅速投入反内战、争民主的运动中。蒋介石为了改组云南政府，镇压昆明学生的爱国民主运动，1945 年 9 月初用计把滇军主力部队调去河内受降，架空云南地方势力，同时把中央第五军等嫡系部队派往昆明，9 月中旬完成了对滇军和省政府等要地的包围。云南大学等学校成为昆明民主革命运动的主要阵地。

当时在昆明的民主革命人士如闻一多、李公朴等经常在云南大学致公堂做学术报告或形势演讲，进步青年应者云集，致公堂常常被挤得水泄不通，有时连窗户上也爬满了人。戴永年和老同学杨树藩等人志同道合，追求进步，经常步行至云南大学致公堂听报告。

当时，从龙渊中学（1950 年 6 月 13 日，云南省政府发布训令，决定撤销一批省立、私立中学，更改新校名，将原省立昆华中学、龙渊中学、私立南京中学合并，改定校名为“云南省昆明第一中学”。至 1984 年定名为“昆明市第一中学”[1]）到云南大学大概有八公里左右，戴永年和同学们常常是吃完晚饭从学校出发。昆明每到黄昏的时候就特别美，一群少年边走边聊，不仅谈时事，还有很多对生活、未来的憧憬。一般，到云南大学听完报告后几乎都是晚上十点多，对国家未来心怀期望的少年们常常意犹未尽、满含对民主革命家的敬仰而归。

在那激情如诗的岁月里，戴永年渐渐由一个文弱书生成长为一个有思想、有抱负的热血男儿，他渐渐地脱离了父亲的视野，走进了一个父亲根本无法想象的世界中。在这段时光里，父亲的宽容与信任也给了他很大的空间，孩子开始渐渐远离了自己的视野，但他选择尊重和相信自己的孩子。戴逢礼了解儿子的秉性，时常在和戴永年谈心的时候告诫他，作为一个男人，自己的世界要靠自己去拼

1947 年 6 月 22 日戴永年与同学的毕业合影留念（后排右起第三为戴永年）

[1] 昆明市第一中学校志，昆明第一中学校志办编撰，第 115 页。

搏，自己去闯荡。不知不觉中，父亲对戴永年的关爱就表现为开明的理解和支持。假如没有父亲那段时间里对戴永年默默地宽容与支持，或许他以后踏上的将是另外一条截然不同的道路。

由于经常到云南大学听报告，戴永年对大学里的一些专业设置也有了初步的了解。在众多的专业中，他对矿冶系最感兴趣。在他深深热爱着的这片土地上，东川闪亮着金灿灿的铜，个旧有银晃晃的锡，还有铅、锌、锗、铟、银……这些神奇的有色金属的故事一直深深吸引着他。云南大学的矿冶系，让他自然而然联想起儿时父辈们与他讲过的跟矿藏有关的财富传奇故事。他依稀记得，故事讲述的是通海有人去个旧开矿并获取了大量财富。

“因为家里离个旧很近，通海人有些去个旧工作，听家里老人说，个旧开发（产）锡矿，那个时候工人叫做沙丁，就讲那个个旧锡矿出口，还有些人到了个旧就发了大财。那么到了高中我就知道云南省的矿产多，像东川铜矿，会泽铅锌矿，那个时候（只）知道这些，很早，古代时候即开始有了，因为这些矿山，挖出来就是宝啊，所以历代政府都很重视。那么到了高中时候就听说云南省省长叫龙云，龙云就成立留美预备班，后来我学这个矿冶，能为家乡这个矿作贡献，所以我考大学就没报其他专业，就报了矿冶系。”❶

早些年从老人们那里听来的关于矿产的故事，让戴永年对这些奇特的石块着迷。

云南的矿藏一直很丰富，那个年代人们对于矿石的认知仅限于品种很少的矿石，如个旧的锡、东川的铜等。后来大家才逐渐了解到，云南的矿藏资源远远不止滇南、滇东北这些区域，覆盖面积广且十分丰富，只是受限于科技等方面的因素知之甚少罢了。

云南历届政府对矿产资源也很重视，据说曾经仅仅是在东川开

❶ 戴永年访谈，昆明，存于采集工程数据库。

矿的队伍就达到上万人。民国时期资源委员会下属滇北矿务局和云锡公司等成立了专门管理开矿事务的机构，这样就在个旧、东川等城市形成了市场。

儿时听到的矿产故事，随着长大后的深入了解，让戴永年对云南的有色金属产生了浓厚的兴趣。还有一点让戴永年颇为心动，就是当时矿冶系是云南大学的强系之一。

当时云南大学的矿冶系，经过著名教育家熊庆来校长十年的苦心经营，得到中英庚款委员会的补助、中华文化教育基金会连续十年每年十万元的资助和省厅校方六人发起的矿冶系校舍募捐，加之当时云南又是抗战时期的大后方，专家、教授人才济济，矿冶系的老师多数是留学生，矿冶系的设备都是美国进口的。那时，任云南省省长的龙云还曾经办过留美预备班。1941 年，抗战尚处于最艰难的时期，云南已开始筹划战后建设，但人才紧缺让龙云忧虑不已，于是决定选送 40 名云南籍优秀高中毕业生留学美国，学习工、农、医科，预备战后之需。留美预备班的成员出国前以国文、英文、数学、自然科学、本国文化、美国史地以及工厂实习等科目为主，并由西南联大安排久负盛名的大师级别的教授担任各科教师。经过科学、全面地教学及严苛地考核，这 40 名留学生于 1945 年 6 月出发，几经辗转，于 8 月 2 日到达美国纽约，分别进入麻省理工学院、康奈尔大学、理海大学、密歇根大学、俄亥俄州立大学、芝加哥大学等高校学习。1949 年 6 月，这 40 名留美学生除少数在美国实习或继续攻读外，基本返国，由于当时到昆明交通受阻，到达昆明的有 9 人，到华北、华中各地就业的有 20 余人，他们中间有不少人为中华人民共和国的建设作出了重大贡献。如冶金学家谭庆麟，是中国贵金属领域的主要奠基人和开拓者，1962 年组建了昆明贵金属研究所[1]。

至戴永年上云南大学时，矿冶系里的教授已经有百分之八十都

[1] 《云南“留美预备班”：谋划抗战后建设的务实新举》，《云南日报》第 22578 期 11 版文史哲。

是留学生，他们从美国、英国、法国、比利时等国家学成归来。戴永年在心底暗暗思忖，强校强系，这里有这么好的条件，自己能学到更多更先进的知识来服务家乡。虽然当时他同时被云南大学和云南师范大学化学系录取，他还是选择了云南大学矿冶系。关于当时的选择，戴永年这样回忆：

“那个时候我报了云大矿冶系，（也）报了师大化学系，两边都录取啦，我就读了云大，就在云大矿冶系。那个时候云大有好多系，好多学院，有文学院、工学院、医学院、农学院，我也不会考虑其他的，经济系议论的比较大，那个时候银行比较多，解放前私人银行很多，整个南屏街都是银行，有的房子现在还在，包括国民党的中央银行也在那里，经济系毕业以后就分到银行工作，银行里面工作工资高，一般议论么就叫做端‘金饭碗’，当时我不会想是不是我也端‘金饭碗’，而且云大经济系那个教授秦瓒是全国知名的教授，好像也是联大的教授，共产党组办云大后他当过云大经济系的头，很有名气的一个教授。矿冶系绝大部分教授都是外国留学的，设备都是美国进口的，那些马弗炉、分析设备，还有矿物标本都是美国进口的，就觉得设备很好啦，就选，也没想端‘金饭碗’。”❶

1947 年，十八岁的戴永年进入云南大学矿冶系学习。刚刚成年的他做出这样的选择更多地是想为矿产富饶的家乡作点贡献。学以致用，科技救国，这是热血少年一路成长来为多灾多难的国家立下的最质朴又实际的志愿。

戴永年那一届，云南大学矿业系已经发展起来了，招收的学生也比较多。据他回忆，当时与他同一时期入学的就差不多有六十多人。当时系里并没有进行专业细分，只是粗略分为采矿、选矿、地质、冶金、材料等方向，统称为矿冶系。云南大学优良的学习环境，为他未来的事业打下了坚实的基础。戴永年这无怨无悔的选

❶ 戴永年访谈，昆明，存于采集工程数据库。

择也决定了他未来的人生道路，从此他与有色金属结下了不解之缘。

云南大学会泽院

勤工俭学

戴家的生活一直并不宽裕，全靠戴逢礼一人经营小买卖糊口。戴永年体谅家里经济拮据，进入大学后就申请了人民助学金。好在戴永年品学兼优，很快申请就通过了审查，每月能得到5块钱的助学金。但这点钱就是单纯在食堂吃饭交纳伙食费都还不够，于是戴永年又找了一份家庭教师的兼职，每周到对方家里辅导两次，一个月也能挣5块钱。一个月十块钱总算也能勉强把伙食费凑齐了。

戴永年四年的大学生活，基本都是在这样的勤工俭学状态中度过的。艰苦的环境塑造了戴永年吃苦耐劳，不屈服于困境的品格。

亲历"七·一五"运动

一心想学有所成又能有所作为的戴永年上进勤奋。但是，时局多变，象牙塔里放不下平静的课桌。

此时国家与社会巨变，中国社会正处在先进与落后、光明与黑暗决战的前夕，而黎明前的黑暗往往是最深沉的。在伟大的"五四运动"中，中国先进知识分子根据英文"Democracy"（民主）与"Science"（科学）译音，把它们称之为"德先生"和"赛先生"。深受新思潮的影响，戴永年认为，一生献身科学与人生信仰并不矛盾。就在这个时期，国民党当局镇压民主运动、倒行逆施，这激发起青年学生强烈的反抗情绪，"要民主、要自由""反独裁、反专制"，戴永年随之融入时代的洪流。

这一时期的云南大学，学生运动很多，气氛也非常活跃，满腔热血的青少年都想为多灾多难的国家作点贡献。在校园里，学生们组织了很多活动，比如歌咏队、读书会等，在每周一次的活动上，大家高唱革命歌曲，朗诵先进的文章诗歌，甚至还有很多初、高中生都来参加这些活动。戴永年在这样的环境里深受感染，对这些活动也充满了热情。时局混乱已无法让师生静心学习，国家的未来将走向哪里成为每一个人关注的重点。戴永年参与到这些民主活动中，他希望多一份自己的奉献，能早日结束这混沌的时光，迎来新的希望和方向。

1948 年 6 月，昆明大学生和中学生掀起了"反美扶日"运动，国民党当局用恐吓、殴打、抓捕等手段进行镇压，又于 7 月 15 日派出全副武装的宪兵、警察2000多人，攻打云南大学会泽院和南菁中学，大肆毒打和抓捕学生，将400多名学生投入设在南菁中学进行“感化”学生爱国思想的“夏令营”，76人被关入特刑庭监狱刑讯逼供。“七·一五”运动是昆明学生继“一二·一”运动后，掀起的又一次反对国民党当局压制民主、推行独裁的爱国民主运动。

1948年，为响应中共中央提出的“反对美帝国主义者扶植日本侵略势力的复活”的号召，云南爆发了大规模的爱国民主运动。在中共云南省工委的领导下，6月17日，上万名爱国青年学生举行了示威大会和罢课、演讲、游行活动。7月15日，震惊全省的“七·一五”事件爆发。2000多名荷枪实弹的军、警、宪、特武装进攻学生，以残酷的镇压手段来对付手无寸铁的学生，上千名师生先后被捕。爱国师生们在狱中建立了临时党支部，展开了英勇顽强的斗争。“七·一五”运动以爱国、民主的鲜明主题和英勇斗争精神，维护了民族尊严，锻炼了一大批革命青年，广泛唤起了各届各阶层人民群众，为云南人民的解放事业作出了重要贡献❶。

其中，云南大学会泽院的守卫战是这场运动中最艰苦、斗争最激烈、场面最为壮烈的一幕。戴永年谈起这场运动，还能清晰地回忆起诸多细节：

“那个时候，大学生、中学生都在那边，要搞运动，在云大搞，军警就来了，学生就跑到会泽院的楼顶上，四层楼，上去只有很小一个地方。学生上去后拿课桌把那个地方堵起来，把那个楼梯全部堵死，军警就要叫下来，学生就不下来，但是准备又不够，下雨了就拿盆来接水，盆接不了多少水，军警拿水龙头冲，冲上去后他们就拿盆接，坚持了两三天。”❷

---

❶ 2011年6月24日云南创先争优手机报（第35期），云南网，http：//special.yunnan.cn/feature3/html/2011-06/24/content_1684320.htm。

❷ 戴永年访谈，昆明，存于采集工程数据库。

1948年6月，昆明市各大学、中学校响应中共中央和全国学联的号召，继上海、南京、北平之后举行集会和示威游行，反对美国扶植日本侵略势力复活（简称“反美扶日”），抗议国民党政府对上海、南京学生“反美扶日”爱国运动的暴行和迫害。昆明学生的爱国行动使国民党当局惊恐不安。他们竭力破坏学生运动，秘密逮捕参加运动的学生。当局的迫害，不仅没有吓倒进步学生，反而使学生更加团结。昆明学联在会泽院公开成立了“昆明学生反美扶日、反迫害联合会”，中共云南省、市工委和学联党组决定，就以这个公开组织向全市各校传达贯彻相关内容。这引起了国民党当局对会泽院的仇视，他们派出特务对会泽院学生进行监视。

7月9日，在得到蒋介石“即饬宪警进入云大逮捕奸党”的命令后，当局为迫使学生放弃“反美扶日”运动，准备武装镇压爱国进步学生，并把进攻重点放在云南大学会泽院。“昆明学生反美扶日、反迫害联合会”负责人得到消息后，很快布置守卫会泽院的战斗。将参加运动的几百名各校学生集中住在会泽院，搬进大量砖石等作为自卫武器，派人昼夜把守会泽院各楼层窗口。7月15日凌晨2点，宪警两千余人分别包围了云南大学、南菁中学，其中进攻云南大学的宪警有1200人。他们翻墙越壁，从四面八方冲入学校，包围了会泽院。当天5点，宪警冲进二楼后毒打来不及撤退的学生，还抓走二十多人。到早上8点多，会泽院二楼被宪警占领。三楼有300多名学生，他们搬来粗大的条石堵住往三楼的唯一楼梯，并坚守楼口和阳台四周。宪警不能顺楼道进攻，遂用高压水枪冲击守卫学生，企图借烟幕弹的烟雾作掩护架梯爬上三楼。学生们冒着呛人的烟雾，用石块、石灰击退了宪警的多次进攻。为了威胁守卫学生，气急败坏的宪警用机枪向会泽院屋顶扫射并出动飞机侦察。学生面对猖狂的敌人并不胆怯，他们使劲敲打汽油桶和脸盆，用以鼓舞士气，并用土喇叭向市民控诉反动当局的法西斯罪行，高呼“学生无罪”的口号。

16日下午，国民党代表到会泽院楼下与学生代表谈判，假惺惺地同意学生提出的条件，然而学生下楼后却全部被逮捕。当局认为“只要把云大、南菁攻下来，就可把云南的共产党一网打尽”。因而他们攻占会泽院后，对楼内的一张纸片都不放过，进行严格地清查，以为能从中找到共产党组织的线索，但阴谋最终还是被揭开了。1948年7月，昆明学联将会泽院守卫战称为“七·一五惨案”，发布告全国同胞书。

当时，戴永年的妻子赵瑞芳还是学生，她亲身经历了会泽院保卫战的全过程，并特意为此写了相关的回忆文字：

7月15日，国民党反动当局调集千余名军警向昆明学联所在地——云南大学发动进攻，学生们聚集到会泽院，经学联负责人商议，认为会泽院一楼门窗多，不易防守，决定撤出一楼，退守二楼，年纪小的同学上三楼，向全市人民呼救。

退守二楼的同学用预先准备好的石块、砖头抵御军警的一次次冲击，坚持了一个多小时后，石块、砖头已经用完，只好退至三楼。军警很快从窗口翻越而入，占据了二楼。

退至三楼的同学约四百人，首先是将教室里的桌椅板凳用来堵住楼口，继而觉得应该砸断楼梯，才能守住三楼。但用什么才能把楼梯砸断呢？大家都在想办法，突然有同学在储藏室里发现一根约五十公尺长的橡套电缆，用它可以拴上一块大石头，用打夯的办法，即可砸断楼梯。但大石头又从何来呢？唯一可以选择的，就是砌筑在围栏上的条石。然而，条石是用水泥砂浆接缝，下面用红色陶土瓦筒支撑，筒内又用钢筋混凝土浇灌后固定起来。所以，要取出一根石条谈何容易！

面对敌人的凶猛进攻，又目睹被抓同学的惨遭毒打，仇恨之火化为巨大力量！同学们用一根木棒砸烂瓦筒，敲碎混凝土，拉弯钢筋，使一根石条失去支撑而悬空，同学们就用电缆拴紧石条，在“一、二、三”的口号声中，数十位同学倾全身之力，终于取出了一块约五十公斤重的石条。就用它来砸击楼梯，同学们轮流着像打夯一样，将数十级钢筋混凝土的楼梯砸碎，断绝了敌人上三楼的通道。

敌人上不了三楼，便用水龙往上冲，学生们急忙用脸盆接水，敌人又施放催泪弹，并乘机搭起云梯往上攀爬，爬到窗口便被学生推了下去。

在三楼，存放着几袋大米，那是昆女师的同学集中云大时带来的，三楼上还有几只汽油桶，桶内有一些石灰水，女同学们便用蚊帐将水过滤，用几块砖头支起脸盆，用破桌凳生火，煮了几盆半生不熟的米饭，捏成饭团，但人多饭少，给谁吃呢？男同学让女同学，女同学让小同学，谁也不肯吃。学联负责人提出：首先分给守卫三楼口的同学，然后是小同学、女同学。可是，得到饭团的同学又把饭团拆开，让没有分到的同学分享一口，充分体现了团结友爱的战斗情谊！然而，随着时间的推移，部分体弱的同学生病了。

7 月 16 日傍晚，云南省政府主席卢汉身挂黑色防弹斗篷，在随从人员的护卫下，来到会泽院西侧视察，学联负责人商议后，决定和卢汉谈判，杨知勇同志用土话筒向卢汉提了三个条件：一、撤退军警，二、不逮捕学生，三、不殴打学生。卢汉的回答是：保证不殴打学生，但要抓捕几个为首的分子。

学联负责人认为：这样下楼可以使绝大多数同学免遭毒打，极少数同学被捕坐牢只要保住了绝大多数，对革命还是有利的。但有的同学不同意，一位女同学说：要坐牢就大家坐。但学联负责人还是说服了她。当晚全部都下到了一楼。下楼后，学生被分成三种情况，第一种是学运骨干，逮捕入狱；第二种是学运积极分子，送夏令营集训；第三种是盲目参加学运的年幼纯良者，由家长或同乡领回家。我被列为第三种，是母亲把我领回了家。

“七·一五”运动已经过去 65 年（1948~2013 年）了，对这场运动尽管有过一些不同看法，但在粉碎“四人帮”、拨乱反正之后，这场运动的意义得到了充分肯定。1979 年初，安平生同志代表中共云南省委郑重宣布：“七·一五”爱国学生运动，保护了党的组织，保存了党的骨干，扩大了反美蒋统一战线，促进了全省革命运动的发展。中央批转的中共云南省委1982年31号文件也明确肯定：1948年开展的“反美扶日”运动，在“七·一五”事件中，地下党组领导是坚决的，群众斗争是英勇的。这就是历史的结论，是符合客观实际的公正评价❶。

加入中国共产党

“七·一五”运动中，很多同学因参与其中被捕了，他们中一部分被关在了国民党政府设在南菁中学要“感化”学生爱国思想的夏令营里，其中，戴永年的同学胡新农就被关在这里。另外一个关押学生的地方在钱局街的陆军监狱，他的另一个同学张震远则被关在这里。当时，有人秘密告诉戴永年这些被捕同学被关在这些地方，并通知他给这些被捕的同学送点药去。

那时面对特务，戴永年并没有太多恐惧，他自我宽慰：要抓我就抓吧，就算被逮捕了，我也就是一个学生而已！于是，带着被捕同学们需要的中药药丸，戴永年先去了南菁中学。

当时，南菁中学是全封闭的，戴永年在门口见到了同学胡新农，聊了几句后，便把药丸交给他，叮嘱他保重自己也就匆匆离开了。到了陆军监狱，这里守卫更为严格，经过几番检查，对戴永年排除了戒备及怀疑后，才把张震远叫出来，两人在门口见了面。后来经过进

❶ 摘自《赵瑞芳文集——回顾与展望》中《云南大学会泽院顶层的围栏》。

步人士和学校的努力，特务们大概也没从这些学生身上搜出明确的证据，就陆续放出来了，出来以后他们很快就分别下乡干革命去了。

1948 年 12 月，经云南民主青年同盟（简称“民青”）成员张震远介绍，戴永年加入了云南民主青年同盟，这个由中共云南地下党直接领导的地下青年组织吸纳了大批优秀进步青年，成为进步青年的核心组织。

戴永年加入“民青”后，先后担任小组长、支委，组织进步青年开展革命活动，如：学习油印手册《新华通讯》，读《整风文选》《新民主主义论》《目前形势和我们的任务》等；组织合唱团，团结进步同学，发展新生力量等。在轰轰烈烈的革命活动中，戴永年心中涌动着向往光明的激情和希望，一种崇高而神圣的使命感在他的思想里萌芽，学习矿业知识为家乡开发宝藏的单纯愿望被时局冲击得越发看不清晰，此时，他觉得自己可以根据环境的变化换一种方式来完成自己的心愿，那就是为国家、为人民、为共产主义事业奋斗终生。

1949 年 8 月，经云南大学支委会李学华[1]介绍，戴永年加入了中国共产党。那一年，他 20 岁。

1949 年的戴永年

在民青时，戴永年身为矿冶系大组的组长，曾代表矿冶系去参加民青组织的会议。这一次的会议对戴永年来说与以往相比要更特别一些，他认识了自己的入党介绍人李学华。

“‘因为这是先当小组长的时候，在学校里面开会，后来当支委的时候去外面开会，在屏正街，就在圆通山旁边一点，

[1] 李学华，1949 年期间任云南大学中共地下党委支委委员。

在一个有职位的家里面开，那个时候整个支委大概有六七个人吧，负责人就是李学华，李学华是云大铁道系的’（1952 年开始的高校院系调整，云南大学铁道管理专业分别并入北京铁道学院、长沙铁道学院）。”❶

开会回来后，李学华提出让戴永年写一个自传和一份入党申请交给他。那时是 1949 年 8 月，戴永年还在矿冶系读书，刚好在“九九整肃”以前。戴永年审查很快通过，他便正式加入了中国共产党。戴永年记得入党誓词是自己亲笔所写，宣誓的那一天就在矿冶系一楼的一个小教室里，他们都站起来，面向北方，庄严宣誓入党。从戴永年提交材料到宣誓入党，大概就一个星期的时间，发展党员是非常严肃的事情，要经过严格的考察。后来戴永年才知道，对于自己的考察，党组织很早就进行了，大概民青的时候就开始了，后来他才知道各个系民青的负责人基本上都是共产党员。

1949 年 9 月，学生运动高潮迭起，国民党当局开始了“九九整肃”。由于国民党控制的地盘越来越小，越来越往西南收缩，蒋介石为了加强对西南的控制，找卢汉去重庆开会。参与学生运动的戴永年此时也感受到了危机四伏，当天学校内贴出了一张小布告，上面用较粗的字体清晰地写着“匪党分子出来登记，要镇压共产党”。同学们看到布告后，纷纷收拾行李匆忙离开学校。戴永年与几个已经加入了共产党的同学们商量，担心对方手中有黑名单，如果现在不走，也不知道后果会怎样。为保存力量，大家纷纷决定先离开学校暂时躲避风头。为了避免波及家人，戴永年收拾好行李后并没有回家。高中时期的一个同学吴江沄也是一个进步学生，他拉着戴永年去了哥哥的火柴厂仓库暂避风头。吴江沄的哥哥在金碧路办了一个大光火柴厂，平日来往的人也不多，两人在仓库里面倒也没有招人耳目。

❶ 戴永年访谈，昆明，存于采集工程数据库。

大概住了有半个月之久，他们也没有得到时局缓解的消息，为了不再给同学增添麻烦，戴永年决定暂时先回通海，先远离漩涡为妙。母亲得知戴永年要回老家，也决定与他一同回乡。随后戴永年得到的消息是国民党行政院命令昆明所有的大、中学校，包括云南大学一律解散。教职员工听候甄选，学生进行甄审。

戴永年和母亲回通海的路途中，途经玉溪刺桐关，遇到了盘查过往行人的军警。当时他和母亲带了两个行李箱，一个箱子装着生活用品，另一个箱子装着书籍和各种资料，军警检查的时候，戴永年就把第一个箱子给他们看，由于都是衣物等生活用品，自己又是学生模样，侥幸没有引起对方的怀疑。

1949 年 3 月，戴永年的好友杨树藩[1]、刘建中[2]（现名刘华民）、陈世贤[3]（现名陈庆）、赵东泰[4]等人已在通海成立了进步组织“路灯读书会”，后改名为“路灯社”，他们均为民青成员。“路灯社”刚开始就相当于大学里的读书会之类的组织，后来大家开始传阅《联共（布）党史》《大众哲学》《论联合政府》《李有才板话》等进步革命书刊，办《路灯旬刊》壁报（后改为油印版《路灯周刊》），这实际上是由中共云南省委地下组织领导的进步组织[5]。

当时，“路灯社”不止面对学生，还面对通海的工人，当时通海的烟叶、烟丝的产业比较好，有大批工人在这里。在通海的一个寺庙，叫做天后宫，他们常常在那里组织读书会，宣传进步思想。在《通海史志》里有关于戴永年组织的“路灯社”所开展的详细地下工作，现原文摘录以真实还原当时戴永年在通海所做的工作：

路灯读书会是由通海中学教师刘建中（现名刘华民，共产党员，七月初离开通海）、赵东泰（民青成员）、杨树藩、失业店员工人陈

---

❶ 杨树藩，路灯社社长，路灯社创始人之一，后在昆明市安宁昆钢党校工作。
❷ 刘建中，通海中学教师，路灯社创始人之一。
❸ 陈世贤，戴永年中学同学，路灯社创始人之一，解放后在玉溪市峨山县水电局工作。
❹ 赵东泰，戴永年中学同学，路灯社创始人之一，解放后在玉溪市澄江县检察院工作。
❺ 通海一中建校 70 周年纪念文集第 8 页。

世贤（民青成员）和失学青年周汝超五人，于1949年3月的一个夜晚，在陈世贤住的小楼上发起组织的，当时由于刘、赵、陈均为在外地参加的地下组织，其组织关系尚未转来与当地党组织衔接上，所以互相也不知道，只是凭着各自觉悟进行革命活动。

昆明“九九整肃”事件后，戴永年从云大调到通海工作，经县工委书记李志敏同志批准，曾继森同志办理。由戴永年发展赵东泰、杨树藩加入中国共产党，随即组成由戴永年为负责人，赵东泰、杨树藩参加的党小组，以路灯社为基础，负责开展城区工作。

路灯社有社员五十多人，当年11月，路灯社改名火花社。改名为火花社时发展到一百四十多人，先后加入民青组织的三十多人。

路灯社由杨树藩任社长，改名火花社后由陈世贤任社长。游行请愿事件发生后，伪县政府把路灯社视为眼中钉，屡次以注册登记为借口，企图取缔路灯社。为了掩护革命工作，应付敌人，六月以吕韵珍（当时伪县政府科员）为社长去进行登记，内部仍由杨树藩负责。

九月改出油印周刊，又以民众教育馆长曾吉斋（当时已同地下党建立统战关系）为名誉社长，吕韵珍为社长进行登记，内部完全由城区党小组掌握。

当时，通海县城还有一个康乐剧艺社（又名青年剧社），一个哈哈社。前者在县城公演了话剧《雷雨》，后者到河西县城等地比赛过篮球。通海县伪警察局长黄赢洲混在青年剧社，为了进一步发展革命力量，削弱反动势力，县工委决定瓦解这两个社，路灯社通过把两社中的“民青”成员和进步社员吸收到自己社来，圆满地贯彻了这一指示。

从1949年3月组织秘密读书会，到1950年3月火花社结束，历时一年，主要进行如下活动：

1. 宣传革命思想，揭发反动统治

1949年3月，路灯读书会在当时的通海县立初级中学（现为通海一中，以下简称通中）成立萤火壁报社，组织学生出墙报、唱革命歌曲，在进步师生中传阅进步书籍，发展进步学生加入读书会。当时传阅的革命文献和进步书籍有整风文献、联共（布）党史，大众哲学、社会发展简史、李有才板话、吕梁英雄传、我的奋斗等等，使一些同志提高了政治觉悟，逐渐走向革命。

5月，路灯旬刊（墙报）公开贴到当时南门月城的墙上。

9月，改出油印的路灯周刊。手工刻印，版面相当于八开新闻纸，用白有光纸或贡川纸单面印刷。

墙报和油印小报共刊出过二十多期，内容包括：反对抓兵派款，反对地租剥削，反对压迫妇女，揭露伪县政府搞保长选举的骗局，批判反动校长标榜“有教无类”的虚伪性等等，并摘登当时解放战争的战况，使难得看到报纸的人民群众通过这些报道，了解解放大军节节胜利，反动军队到处败溃，反动政权即将覆灭的大好形势。

2. 组织示威游行，反对封建压迫

1949年5月，通中十五班女生唐淑坤因受封建压迫，被逼自杀（未遂，后匿迹为尼），广大师生义愤填膺。读书会决定，发动通中师生和小学教师，开展反对封建压迫，保障人权的斗争。贴标语、出墙报、呼吁社会各界支援，组织二百多人的队伍上街游行示威，到伪县政府请愿，要求惩办封建虐待、逼人自杀的凶手。

伪县长如临大敌，在县衙门内外满布岗哨，架起机枪，逮捕了班导师杨树藩，被激怒的群众在赵东泰的带领下，坚持斗争，迫使伪县长不得不当场释放杨树藩，并承认负责调查处理这一封建压迫、逼人自杀事件。

这次斗争，由于具体条件的限制，未能达到惩办凶手的目的，但是几百人游行示威，到县衙门请愿，在素称“礼乐名邦”的通海县城，至少是几十年未有的事。它震动了县城，激发了群众的革命觉悟。一些原来不问政治、埋头读书的师生，从此看清了伪政府的反动面目，坚定了斗争决心，不少同志渴望找到共产党，在党的领导下彻底推翻反动统治。

为了进一步开展斗争，读书会从此改名路灯社，在县城公开成立，社址设在关圣庙巷口王国俊家大门内的小楼上。

3. 办识字班和工人夜校

9 月，在县工委领导下，路灯社借用天后宫小学开办业余识字班，组织失学青少年和妇女识字、唱歌。

10 月，办工人夜校，组织推烟丝工人学习。先后参加识字班和夜校学习的有近百人，由社员中的教师和中学生任教。教材采用民众教育馆提供的识字操本，实际上课讲的是劳动与剥削、压迫者与被压迫者的对立和斗争，进行阶级教育。原计划要通过工人夜校组织工人武装，曾对烟丝业的枪支情况做过调查，后因形势发展很快，未及组成。

4. 为建立和巩固人民政权而斗争

路灯社改名火花社不久，通海解放了。按照县工委的布置，抽调社的主要骨干参加接管伪政权，建立新政权的工作；发动一部分社员参加了护乡团、民工团，其余的社员围绕迎接解放军、建立新政权开展宣传工作，如组织秧歌队、儿童团、妇女会等等。

12 月 26 日，国民党第八军从昆明败退，地霸沈永清等与敌勾结，引敌入通海县城，戴永年同志在执行县工委指示，通知守城人员向西撤退时，与敌遭遇，战斗中被敌射中，身负重伤，经群众掩护，抢救脱险。

1950 年 3 月，通海县、区两级负责人共八位同志到玉溪参加地委召开的与南下干部会师会议。会后，全县开展征粮工作，社的大部分骨干和社员，按照县委安排，积极分赴各区乡开展征粮，火花社从此结束，社里的资料交给了县委会。

不久，发生了“四·一八”暴乱，参加征粮工作的原路灯社社员、通海中学生张家献、张丽珍、陆鑫中等五位同志，为巩固新生的人民政权，献出了年轻的生命[❶]。

在通海的这一年多时间里，戴永年积极投身于革命工作，深入通海人民群众中发展革命力量，为巩固和维护人民政权甚至差点献出了生命。母亲对戴永年所做的这些事情一无所知，只见他整天忙出忙进，过得也很开心也就没有多留心，她以为只要带着孩子离开昆明就安全了，但她万万没想到其中潜伏着让她难以置信的危机。

身负重伤　慈母离世

1949年12月9日夜间10时，卢汉将军率领全省军政人员，在昆明五华山通电全国，举行起义，宣布云南和平解放，接受中国共产党和中央人民政府的领导，省内大部分地区也积极响应起义。按照通海县委部署，“路灯社”的主要骨干参与了接收旧政权，建立新政权的工作。昆明保卫战后，国民党第八军残余分子南逃，经过通海，窜扰县城。县军管会决定，集中人员进行堵截，戴永年在接到指示后带领“路灯社”的相关人员匆忙跑到旧政府军事科去领武器，打开军库一看，只有几只废旧的毛瑟枪和手榴弹。由于当时形势所迫没有机会寻找更多的选择，带上武器，戴永年、施国先（女）、程淑娴（女）、杨树藩、赵东泰、戴春阳等十一二人排成单行顺序朝县城东门跑去参与阻击。

这些热血青年就靠着一股革命热情，他们大多数人没有经过专业的军事常识和实操训练，只能边跑边商议应对措施。他们跑到雷

❶ 《回忆通海路灯社》，《通海史志》，1985（01）：45~47，已收录ZZ-002-021。

神庙街，听说伪镇长已经找人打开了东边栅子，敌人已要开进来。眼前敌众我寡，他们商议后准备转回秀山方向去进行埋伏阻击。到关阳栅子处，大家正忙着跳过栅子，戴永年跳下后，侧身往秀山上观察敌情时，敌人机枪响了，他只觉得肩头一阵剧痛，眼前一黑，就昏了过去。

当戴永年在剧痛中醒来时，发现一颗子弹从他的左颈射入，左肩穿出，鲜血已经染红了衣襟。小城上空依然回荡着密集的枪声，阻击战斗还在进行着。身体的剧痛让他难以动弹，四周却是空无一人。他环顾四周，发现受伤所在地刚好是通海中学的围墙外，好在围墙也不算高。他咬紧牙关，忍痛翻过围墙。恰巧当时通海中学 15 班的几个同学在里面，他们发现了满身是血的戴永年，几人合力将他抬回宿舍里，让他平躺在床上。鲜血很快浸透了床铺，如果再止不住血，戴永年的生命将危在旦夕。看着一直汩汩往外涌的鲜血，毫无经验的同学们也想不出什么好办法，手足无措中决定冒着危险悄悄把戴永年送回家。借着夜色，他们用被子裹着戴永年，将鲜血淋漓的他送回家。途中不巧遇上了国民党的士兵，被盘问情况。同学们巧妙地说戴永年是通海中学的老师，被打伤了，要送回家救治。但他们仍然不放行，要搜看相关证件，在戴永年的衣兜里搜来搜去也没找到能证明身份的证件，只找到了一只带着鲜血的钢笔，这才打消了怀疑。

那天，戴永年的母亲去了城里亲友家，回来后发现早上出门时还好端端的儿子已是不省人事的血人，只觉胸口剧痛，眼前一黑，当即瘫倒在地。她一生经历了九次丧子之痛，早就患上了心脏病，如今，唯一的儿子生死未卜地出现在眼前，已将这位老人的身心防线彻底击垮。

当时天已漆黑，兵荒马乱的通海城，四处求医也无人敢来。路灯社陈世贤夫妻二人闻讯赶到戴永年家，看着已是奄奄一息的戴永年大家都六神无主。陈世贤妻子灵机一动，建议去找其表叔沈从德，他是当地有名的草药医生，多少也懂得一些护理常识。陈世贤的老父亲拎着小马灯与陈世贤妻子不顾夜黑风高和未知的风险，去西门城脚请来其表叔进行救治，针对性地止血包扎后总算是抢回了戴永年垂危的生命。

远在昆明的父亲听闻戴永年受了重伤，急速赶回通海。他无论如何也没想到，好端端的妻子竟也急火攻心危在旦夕。他不分昼夜地守候着生命中最重要的两个人，求医问药，竭尽全力。

在父亲的悉心呵护下，戴永年渐渐脱离了危险，但母亲却依旧没有丝毫好转的迹象。尽管戴逢礼焦急地盼望着妻子能挺过这一关，但在戴永年受伤的第七天，64 岁的王淑卿还是咽下了最后一口气。母亲养育之恩还未能报答，却因为自己受伤的刺激而离世，这成为戴永年一生最大的痛。

家庭剧变使戴逢礼痛不欲生，但眼前还有重伤未愈的儿子，他只能坚强地面对现实。虽说是荒年，但戴逢礼悉心张罗，给妻子办了一场体面的葬礼，并将其安葬在秀山西侧的接龙桥边，还亲笔为她写下碑文。

回昆疗伤遗留“脱党”问题

戴永年受伤在通海治疗期间，正处于新旧政权衔接之时，百废待兴，通海县还未能组建正规的医院，缺医少药的环境下戴永年的枪伤一直只能寻找当地的草药医生进行简单、粗糙的治疗。中年丧妻，儿子生死未卜，家中突然而至的巨大变故，全都倾轧在年迈的戴逢礼一人身上，让这个年逾 60 的老人心力交瘁。时令不济，通海遭受天灾，收成不好导致物价猛涨，为了给妻子办丧事，给儿子疗伤，日常在昆明盘点小生意养家糊口的戴逢礼几乎倾尽了所有的积蓄，他甚至想方设法将昆明店铺里的货物低价抛售以支撑艰难又未知的未来。日子一天天过去，戴永年后续的治疗费用也渐渐让戴逢礼感到吃力。

戴永年在病榻上躺了近 1 个月，伤势始终没有任何好转的迹象，后背上被打穿的枪眼一直未能愈合。戴逢礼每天用棉花蘸着草药医生配的药水清洗戴永年后背的创面，再用棉花塞住枪眼，等第二天再换洗时，拆下来的棉花被脓血浸透。这段经历对戴永年来说刻骨铭心：

“养病养了一段时间，一个多月不封口，我看着他拿棉花蘸药水从下面这个洞洞伸上去，伸进去大概有那么长，每天塞进去的棉花第二天拿出来都是脓，一直不封口。”❶

日复一日的煎熬让戴逢礼心如刀绞，他提出要带戴永年回昆明继续治疗。一来是昆明的医疗条件要好一些，专业的治疗能让戴永年的伤势好转得快一些；二来可以边照顾戴永年边盘活生意，以筹备后续的医疗费用；三来妻子的过世打击太过沉重，在通海的老家睹物思人，让他度日如年。

此时的戴永年陷入深深的矛盾和心理斗争中。在 1950 年 1 月，通海解放，受伤的戴永年还躺在床上无法下地活动，新政府发文荣表他为第一任区长（第一区人民政府主席）。戴永年也希望自己能尽快好起来，以继续投入到家乡的革命工作中。面对老父亲提出回昆明疗伤的要求，戴永年实又不忍拒绝。母亲的骤然离世、自己生死未卜已经在短时间内给老人带来连续的精神刺激，戴永年不敢想象，此时如果违背父亲的意愿，执意留在通海，将会给年迈的父亲带来怎样的刺激和伤痛。

戴永年在进退两难间找到上级领导，说起了自己当前的处境及

❶ 戴永年访谈，昆明，存于采集工程数据库。

矛盾。当时相关领导给戴永年的建议是，回家做好父亲的思想工作，继续留在通海。实际上，戴永年的内心依然是非常愿意继续留在通海工作的。这天谈完话后，戴永年觉着回家的路特别长，他一直在内心反复准备一个充分的理由，让父亲能同意自己留在通海。

但回到家，听完戴永年的陈述，白发苍苍的老父亲依旧不容置疑要求儿子一同回昆明。戴永年在路上反复准备的防线一击即破，母亲的离世已经给他留下了莫大的遗憾，实不忍在父亲内心最脆弱的时候一意孤行。反复权衡，戴永年考虑到自己的身体确实也没有完全康复，马上投入工作也还有些困难，就同意暂时与父亲回昆明继续治疗，待父亲情绪舒畅点、自己的身体状况也好转一些后再商议继续留在通海工作的问题。

戴永年继续找到通海当时的相关领导李志敏[1]沟通准备回昆明的事宜，他提出将组织关系一同转到昆明，方便在养伤期间参与组织生活，并留下了昆明详细的通信地址。可惜，在昆明的日子里他一直没有得到任何正式的回复。

戴永年在昆明大约待了两个月，身体也康复得差不多了。每天除了治疗、读书之外，他在昆明并没有更多的事情可做，他非常不适应离开党组织、没有具体工作的生活，他觉得应该是回通海的时机了。当他跟父亲再次提起自己的想法时，父亲找来亲戚朋友轮番做工作，面对父亲的一片苦心，戴永年束手无策。

一天天刚亮，戴永年就溜出了家门，他想偷偷回到通海后再请求父亲的谅解。没想到当他到车站时，父亲已经在那里拦截他了。知子莫若父，父亲苦苦哀求，戴永年只能和父亲回了家。不能说服父亲，戴永年写了封信回通海表明情况，并再次提出希望将自己的组织关系转回昆明。这封信一去如石沉大海，戴永年没有得到任何的回复。

当时，正值新政权建立，开展工作艰辛而且困难重重，加之土

[1] 李志敏，通海县地下党支委，解放后在玉溪专属科委工作。

匪窜扰县城的事情也时有发生，导致不少干部出现了思想动摇要离开通海或另找出路的现象。因有前期戴永年负伤及家中变故的存在，让人将他离开昆明的原因划为“思想动摇”。当时通海有关同志认为未经组织正式同意戴永年就返回昆明是组织纪律错误，离开通海是因为怕艰苦，因而未予转组织关系，并以自动退党对待。这期间戴永年为转接组织关系多方努力，但终未能挽回这样的结果。

二

有色世界　务实求真

- 复学云大　赤诚之心
- 留校任教
- 转入昆明工学院
- 学研锡冶金
- 锡铁合金的问题
- 著《锡冶金》
- 梦里寻她千百度
- 到中南矿冶学院深造

复学云大 赤诚之心

在戴永年的整个学生时代，他只有两个心愿：一是不管前方的道路有多艰险，也要永远跟着中国共产党走；二是做一名有知识、有能力的矿冶工作者，造福家乡人民。时代与命运跌宕，戴永年一颗赤诚之心，从未动摇。

在昆明接受治疗一段时间后，戴永年的伤情大有好转，伤口也渐渐愈合了。戴永年回通海的念头一直挥之不去，在昆明又非常不适应没有工作和组织生活的日子。恰好云南大学复课了，戴永年计划着先回学校完成学业再作打算。1950 年 7 月，他又回到了云南大学，进入矿冶系捧起心爱的书本，继续未完成的学业。

学业让戴永年逐渐忙碌起来，但是他仍然过不惯没有组织的生活，写给通海的信一直没有回复，无奈之下他向云南大学党委申请恢复关系。当时云南大学党委回复，因戴永年的组织关系在“九九整肃”时期转回了通海，现在他们不便进行衔接和处理，建议他回通海靠拢组织解决问题。

此后戴永年反复与通海进行接洽，希望能解决组织关系转移的问题。多方联系未果的情况下，他甚至报名通海的军干校招生以求恢复组织关系，他对此做了充分的心理准备，组织需要他到哪里，他就去哪里。报名录取未果，他又借参加云南全省学代大会的机会，找到当时通海县委书记请求衔接关系，几经周折，他得到的回复是：脱离的时间太长，回去好好读书，在经济上也可以为人民好好服务。

身负重伤带给戴永年的不仅仅是身体上的痛楚，同时也考验着他的精神、意志、品格以及对人生理想的执着追求。在那个战火纷飞的年代，绝大部分知识分子的个人命运与国家的荣辱兴衰紧紧联系在一起，每个人的履历注定不会平凡而寂寞。戴永年幼年目睹了国家遭受的凌辱，在心中种下的小小种子萌芽，为国家做点事，这单纯又伟大的理想，几经生死磨难他初心不改。原本想进入云南大学学习矿冶系，能用专业知识服务家乡的开发与建设，不想国家多难，学校的正常教学工作无法正常进行时，他投身民主革命，希望能成为挽救国家命运的一分子。身负重伤后他一心挂念着能投入新的革命工作中，无奈身体与家庭的羁绊，他迂回昆明希望以待来日。可惜造化弄人，在回通海无望后戴永年进入云南大学，他轮番衔接组织，赤诚之心可鉴，他只想与他相信的党组织一起“做有益于人民的事”。

几番努力，“脱党”的处理还是尘埃落定。戴永年心有不甘，但对中国共产党的信仰和忠诚丝毫没有动摇，既然已经成为事实，失落抑或抱怨没有半点用处，他用自己的实际行动表达着自己的忠诚，并一直积极向组织靠拢。1952 年 6 月，戴永年在云南大学申请入了团。1956 年由程瑞学、蔡乔芳同志介绍重新加入了中国共产党。无论大环境与自己开了怎样的玩笑，戴永年的信仰始终坚定而执著。

留校任教

“回去好好读书，在经济上也可以为人民好好服务。”这句话点醒了戴永年，在任何岗位上都能实现自己的价值，新中国刚刚成立，百废待兴，各行各业都需要人才，而家乡的矿藏开发同样亟须专业人才。戴永年在校园里安下心来，学有所成，是当下最现实的选择。

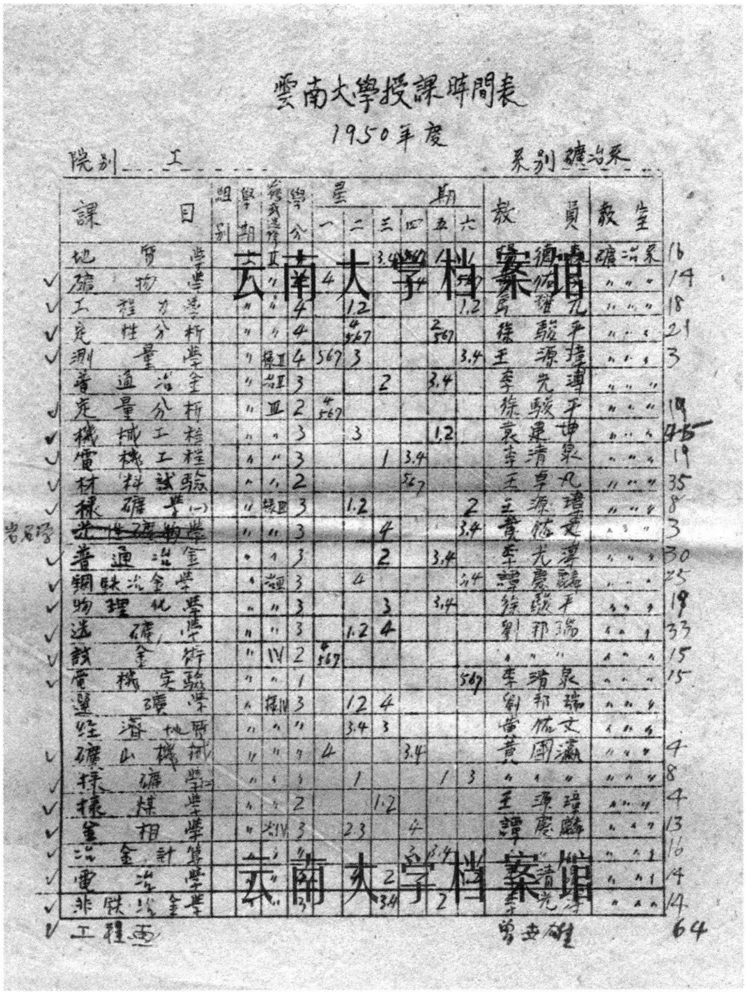

雲南大學授課時間表

1950年度

院別 工　　系別 礦冶系

課目	組別	學期	必修或選修	學分	一	二	三	四	五	六	教員	教室	
地質學			II	[illegible]			3.4	[illegible]			[illegible]	礦冶系	16
礦物學		〃	[illegible]	4				[illegible]	[illegible]		[illegible]	〃	14
工程力學		〃	〃	4		1.2				1.2	[illegible]	〃	18
定性分析		〃	〃	4		4 567			2 567		徐駿平	〃	21
測量學		〃	[illegible]	4	567	3				3.4	王源璋	〃	3
普通冶金		〃	[illegible]	3			2		3.4		李光溥	〃	
定量分析		〃	III	2	4 567						徐駿平	〃	19
機械工程		〃	〃	3		3			1.2		[illegible]	〃	45
電機工程		〃	〃	3			1	3.4			李清泉	〃	19
材料試驗		〃	〃	2				567			[illegible]	〃	35
採礦學(一)		〃	[illegible]	3		1.2				2	王源璋	〃	8
光性礦物學 (岩石學)		〃	〃	3			4			3.4	[illegible]	〃	3
普通冶金		〃	〃	3			2		3.4		李光溥	〃	30
鋼鐵冶金學		〃	[illegible]	3		4				3.4	譚慶麟	〃	25
物理化學		〃	〃	3			3		3.4		徐駿平	〃	19
選礦學		〃	〃	3		1.2	4				劉邦瑞	〃	33
試金術		〃	IV	2	4 567						〃	〃	15
電機實驗		〃	〃	1						567	李清泉	〃	15
選礦學		〃	[illegible]	3		1.2	4				劉邦瑞	〃	
經濟地質		〃	〃	〃		3.4	3				[illegible]	〃	
礦山機械		〃	〃	〃	4			3.4			黄國瀛	〃	4
採礦學(二)		〃	〃	〃		1			1	3	〃	〃	8
採煤學		〃	〃	2			1.2				王源璋	〃	4
金相學		〃	[illegible]	3		2.3		4			譚慶麟	〃	13
冶金計算		〃	〃	〃				[illegible]	3.4		[illegible]	〃	16
電冶學		〃	〃	〃			2				[illegible]	〃	14
非鐵冶金學		〃	〃	3			3.4		2		李光溥	〃	14
工程畫											[illegible]		64

戴永年大学时期的课表

当时的云南大学矿冶系，一届大概有六十多名学生，教师有二十多位，很多教师如谭庆麟教授、机械系的马光辰教授，他们都为那个阶段的云南大学作了大量贡献。在戴永年的记忆里，这些令人尊敬的老师们从来都没有追名逐利，他们认真努力工作，兢兢业业。

戴永年如今还能清晰地回忆起当时大学矿冶系里的这些名师：

“我的老师谭庆麟、李振家都是留美预备班，我们矿冶系老师大多都是留美的。系主任是黄国云，是留法的；教务主任是王源章，是留比利时学采矿的；矿物学是黄又文，是留法的；教有色冶金的是李光溥，是留英的；教电冶金的是李清泉，是留法的；所以那个时候老师差不多都是留学生，没留过学的是少数。”

1988 年 6 月戴永年（右二）与谭庆麟教授（中）合影

戴永年回忆，谭庆麟当时为戴永年及同学开的课程是“金相学”，讲析理论，指导实验，备受当时云南大学矿冶系的重视。除了课程外，谭庆麟老师还会指导戴永年翻译国外冶金方面的书籍，以了解国外的行业动态。

在戴永年的记忆里，老师李梦庚在当时的云南大学里也是关心年轻人、专注科研的典范。在科研经费严重不足的时候，他拿出自己的工资搞科研；有时还自己出资给青年的贫困学生印发资料。

当时的师生关系特别融洽，老师从来不摆架子，学生们也乐于与老师探讨问题，戴永年还有机会到谭庆麟老师家中接受辅导。这些学高、身正的老师们的一言一行都在戴永年脑海里留下了深深的记忆，在一定程度上也对他未来的从教之路有一定示范和榜样作用。戴永年至今都很庆幸，能在自己的学生阶段遇到这些治学有方、谦虚谨慎、品德高尚的教师。

1951 年，戴永年以优异的成绩从云南大学矿冶系毕业并留校任教，开始走上为人师表，传道、授业、解惑的人生道路。在大学校园，他把忠诚于共产党、热爱新中国的热情，投入到教育事业上来，为科学、为教育，为建国初期的经济建设贡献自己的力量。面对如饥似渴的莘莘学子，戴永年恨不得一夜之间就把所学的知识传授出去。

留校初期，戴永年的教学任务是指导分析化学实验（定性、定量分析实验），开“耐火材料”和“锡冶金”等课程。

1953 年留校任教的戴永年

从学生角色转变为教师，戴永年面临着由多学科转入一两门课的专业学习与教学中，必须深入学习，钻研课程内容，同时提出授课提纲、准备讲稿、实验以及实验需要的仪器药品甚至配出溶液，从不熟悉到完成教学任务，其间有许多工作要做。

分析化学在 1952 年时出现了半微量分析，在原有烧杯、烧瓶、试管等设备之外还缺少滴瓶、滴管、反应瓷板，戴永年和同事就自己去商店购买、配备。实验时，在反应板上一滴溶液做一个实验，代替原来一管或一杯溶液，这样做就可以节约许多药品、仪器和时间。

分析化学的原理，如溶解各种元素的条件、分离每种元素的方法、判定元素离子的种类、浓度以及理论计算、实验操作，都和湿法冶金一脉相承。熟悉掌握分析化学，不仅仅是“分析”而且也是冶金的基础。

戴永年走入工作岗位，虽然自己的工作开展面临着主观和客观的多方面挑战与问题，但是他总是在积极地创造条件，让自己尽快完成角色转变，并在有限的条件里将教学工作完成好。

转入昆明工学院

1952年，中央教育部根据“以培养工业建设人才和师资为重点，发展专门院校，整顿和加强综合性大学”的方针，在全国范围内开始进行高等院校的调整。当年4月公布了全国工学院调整方案，调整方案中决定：以云南大学工学院矿冶工程学系、机械系，贵州大学工学院矿冶系、机械系和西康技艺专科学校的部分教师合并组建昆明工学院，并定位为以有色金属采矿和冶炼为重点的多科性工学院，隶属于中央教育部领导。1953年8月，正式成立了“昆明工学院筹备委员会”，由云南大学副校长李广田教授任主任委员，贵州大学校长赵凤岐任副主任委员。1954年9月，昆明工学院正式诞生，建院时设立了冶金系、采矿工程系和机械系❶。

为此，戴永年也随之进入了昆明工学院冶金系，继续教学科研工作。对当时昆明工学院成立初期的印象，戴永年是这样回忆的：

“当我们入校的时候这块地还是坟地，其中还有一部分外国人的坟，后来学校修建时把这些坟地迁走以后，盖了很多房子，我们搬进来时建的那波新房子现在基本上没有了，这些房子有的是第二批、

❶《昆明理工大学冶金工程学科发展史（1954~2014）》第一章　科学发展。

第三批修建的。”❶

新成立的昆明工学院当时一切都是新的，除了从云南大学转过来的教职工团队，学校的一切基础设施都得从零开始。戴永年自那时起与昆明工学院一同成长，一晃就是60多年，在这里度过了一辈子，人生最宝贵的年华都奉献给了学校。

学研锡冶金

戴永年开启有色金属教学与研究的大门，首先是从锡冶金开始的。早在1953年，还在云南大学矿冶系的戴永年接到学校的工作分配，要求他开设“锡冶金”课程，计划课时是30学时。

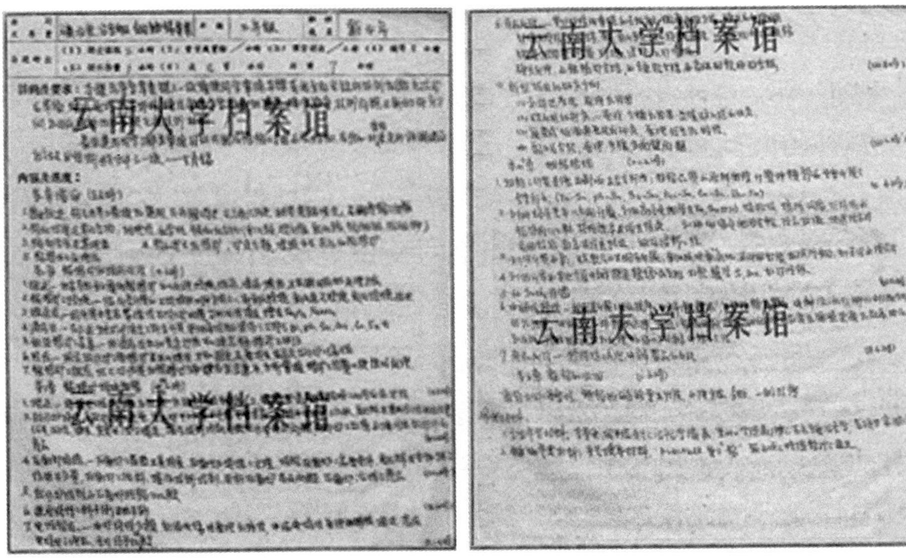

锡冶金教案

❶ 《昆明理工大学冶金工程学科发展史（1954~2014）》第七章 红土岁月。

那时期，开这样一门课程，难度非常大，教材短缺、实践经验不足，都困扰这门课程的开设。在戴永年还在念大学时，关于锡冶金的学习仅有6个学时，锡只是“非铁冶金”相关课程中所涉及的金属之一，当时在课堂上戴永年对于锡的涉猎也就非常有限。虽说非铁冶金中其他金属的冶金方法与锡相关，但毕竟不是关于锡的细致、具体的问题。而教材方面，我国建国初期还没有出版过关于锡冶金的系统专著，甚至在国外也很难找到，只有美国有一本《锡——采矿、生产、工艺和应用》（1928年C. L. Mantell著）讲了锡的采、选、冶、加工、相图、应用等，全书近六百页，但锡冶金的相关内容也只在其中占约四十页。

戴永年接到学校的通知后，便着手教学准备，四处收集了关于锡冶金的教学内容，结果令他十分忧虑，手中这些有限的材料远远不足以支撑几十个学时。为了把这门课开好，戴永年前往在我国有着“锡都”美誉的个旧，到云南锡业公司炼锡厂去实地学习积累素材。大学时期的恩师谭庆麟听闻戴永年在寻找锡冶金的内容，帮助找到一本苏联H. H. Мурач著的俄文版《锡冶金》给戴永年。

1952年，戴永年带了一个班的学生到云南锡业公司炼锡厂实习。两个多月的时间里，戴永年白天去车间实践学习，晚上就在招待所整理实践所得的笔记，作讲稿的素材。工厂一线的学习收效颇丰，戴永年得以理论联系实际，对理论的认识更深刻了，看到冶金作业就又立刻能由理论来理解，读书就会联想到工厂实际。

在这期间，他与工人一同上班，和技术人员交流技术问题，他发现这些一线的老工人，虽说没有多少专业的理论储备，但是经年累月的实践累积，日常生产中甚至可以做到毫厘不差。戴永年回忆起当时他遇到的一位老工人：

“一个老工人，锡到了以后，含铅高不高，他看样就能看出来，这样的工人文化水平不高，但是生产经验十分丰富，他看得非常准，预估的结果跟化验值、分析值差不多。”[1]

也是在这段时间里，戴永年看到了冶炼工厂存在的普遍问题，如劳动繁重、工作环境恶劣，50 公斤一块锡锭，当时年富力强的戴永年虽可以堆两层，但他想未来一定要找办法改变这种重体力劳动现象。看到车间有毒有害的废水、废渣、废气排放没有得到妥善的解决，他也迫切感受到要尽快想法回收及治理。通过在车间劳动的这段时间，戴永年渐渐和一线工人建立了联系，交了朋友，老工人们身上的工匠精神也深深影响着戴永年。

当时，云南锡业公司的炼锡工艺在业界已是十分先进，用鼓风炉熔炼，从炉子设计到精炼过程都有丰富的实践积累。深入工厂一线，戴永年更清晰地看到了炼锡过程中炉渣、锡铁合金、铅锡分离这三个重大的问题亟待解决。探寻解决这些困扰不但让整个课程内容丰满起来，也启发着他在冶金行业不断前行。

云南锡业公司炼锡时用鼓风炉炼矿砂，加焦炭作燃料，也是作还原剂，鼓风机把空气送入炉中，冶炼的产物炉渣和金属锡就流到炉外澄清分离。炉渣呈深灰黑色，有时呈结晶状，有时呈玻璃状。锡的颜色和黏稠情况也不同，有时“清”，有时“稠”，技术员和经验丰富的老工人能借以判断炉况优劣。

炉渣问题主要表现在渣含锡过多，第一次锡精矿炼出来的渣里含锡有 10%左右，渣子拿去再炼一次锡还剩下 5%，再继续炼一次，炉渣含锡 3%，再炼含锡量就下不去了。戴永年一边上课一边开始摸索炉渣含锡 3%的困扰。那时期，伴随着日常的工作，还有很多运动，知识分子下工厂向贫下中农学习，老师也必须带着学生下工厂。于是，戴永年借下工厂的契机，带着学生在工厂里开始研究锡炉渣含锡的形态，寻找降低渣含锡的办法。为此，他首先分析了渣中金属锡、氧化亚锡和二氧化锡的存在和数量，以确认渣含锡高的原因

[1] 戴永年访谈，昆明，存于采集工程数据库。

是渣子不好还是还原不够。同时，戴永年也研究过为何锡在选矿过程中丢了40%，并提出除选出锡精矿之外，再选出一些中矿交冶金处理，可提高锡的回收，并将其中的研究发现写成建议提交给云南锡业公司。

因戴永年深入研究炉渣的问题，他得以有机会在烟化炉上待了一年，以深入寻求解决炉渣含锡3%的困扰。戴永年回忆了当时在烟化炉上摸索的过程：

"在云锡公司学习烟化炉，那个时间大概是1973年，'文革'后期，那个时候，老师学生都要到工厂去，向工农兵学习，我们去个旧，在云锡第一冶炼厂，我在烟化炉将近一年，跟工人上下班，还有同学，厂里分一些房子给我们住，老师同学都住在那。那个时候，炉子里面加什么料，有什么产品，看得比较清楚。

给烟化炉里面加料，粗料也加，细料也加，甚至块料也加，硬头合金（锡铁合金）也加，干的也加，稍微湿的也加，当然里面不会有很多水，比较粗放都可以炼。现在奥斯麦特炉，要求很严、很细，含水3%~5%，粗了不行。料加进去后熔化很快，里面能挥发的就挥发，然后去烟罩里面收，下面渣子过段时间排出，可以把锡挥发掉，剩在里面的就达到0.07%，很少了。在现在这样的技术水平下就可以扔了，含锡万分之七了。这个指标不是每个工人来操作都达到，好的0.07%，操作不好就到1%。在那里可以了解炉子里怎么回事，功能怎么样，达到什么指标，指标越高越好，金属回收要高。而且这个炉子是竖式的、长方形的，风口在下面吹，风吹到料里，把煤随风一道吹进去，料的温度很高，达1200~1300℃，进去后粉煤在料里燃烧，两排风口对着吹，燃烧后变成一氧化碳、二氧化碳，跟料里能挥发的东西挥发，到外面温度低，收集在烟罩上，很细，锡铅都在里面，这个过程就是火法冶金中非常好的过程，燃烧很完全，气体很快传给物料，气和渣的温度很快一样，能挥发的就挥发了。

我以前到云锡，炼渣不是这么炼，是在鼓风炉、反射炉里炼，炼之前渣子含锡10%左右，炼过之后5%左右，再把这个渣子再炼到3%左右，一部分铁已经跟着还原，就形成硬头，就是锡铁合金，硬头里的锡难拿出来，调节风煤比，就可以风多煤少，氧化性好，把锡铁合金氧化，铁变成氧化铁入渣，锡变成氧化锡挥发入烟尘，所以烟化炉里风煤比很重要。”[1]

在烟化炉上，含锡3%的炉渣降低到了0.07%，创造了新的历史纪录。基于长期在烟化炉上的摸索及历史新低的数据，戴永年对烟化炉颇有好感，于是提出利用烟化炉来进行深入实验。

当时正处于“文化大革命”末期，戴永年提出实验设想后，云南锡业公司炼锡厂的厂长和“革委会”主任也赞成把反射炉里熔炼的料拿出一炉加进烟化炉来尝试。加进去不到1小时，料就完全化了，而在反射炉中这些料需要7小时才能熔化。但是在开炉的时候，由于准备不充分，工人未能及时打开炉口，延误了出炉时间，大量锡烟化入收尘系统，导致拿出来的锡只有400公斤。而按照当时正常的预估，应该得到2吨锡。面对这样的结果，厂长和“革委会”主任都默不作声，戴永年也无法当即就将这中间的问题解释清楚，所有的尝试宣告结束。

后来，戴永年一直在思考这其中的问题。结果虽然与之前的设想出现了一定的差距，但是整个过程却证明了这种炉型炼锡是可行的，而且速度要更快，若这个过程中准备充分，能在反应终了时就即时开口出炉，锡便能大量得到。这一次尝试关键是打口打不开，打口是火法冶金经常性问题，如果准备充分，遇到打不开的情况能有备用方案，比如用木棍塞口，该堵的时候用木棍，温度虽高，但是不会燃烧。但是基于当时的环境，戴永年再也没有机会进一步尝试，关于烟化炉的探索也成为他后来多次提及的遗憾。

[1] 戴永年访谈，昆明，存于采集工程数据库。

锡铁合金的问题

锡铁合金的问题主要表现在锡矿里面含铁很高，这导致炉渣里锡铁合金含量也高。戴永年在鼓风炉的实验摸索中逐步总结了锡铁还原的规律。

“云锡公司那个鼓风炉，我去了以后和几个年轻老师，是北京工业大学毕业来的三位年轻老师，其中一位就在这个鼓风炉，我就在鼓风炉跟他做这个实验。当时鼓风炉是机械化了，加料的过程是一层矿，一层焦炭，又一层矿，又一层焦炭，这样加，矿是重力选的粉矿，进去以后又有一部分被吹出来，吹出来后收尘又把它放进去，但是这已经体现了鼓风炉的部分优越性。

那个时候我就是和他们一起做了这个实验，加减焦炭和矿的比例，我们加焦炭，在生产的过程非常小心，不能影响生产，所以我们加减焦炭的量非常少，他一批大概加几十公斤焦炭。我在加焦炭的过程参考他们的比例酌情增减，比如常规生产要加 30 公斤，我就加 31 公斤，第二天我就加 32 公斤，再一天就加 33 公斤，就这么一公斤一公斤加，然后把生产记录拿下来看。先加，发现渣含锡降低了，但是到一定程度后，锡就发黏了，含铁量升高，然后又把它减少，逐步从 33 公斤往下递减，32 公斤、31 公斤、30 公斤、29 公斤、28 公斤……这样慢慢又减下来，减下来后锡慢慢地清了，但是再减锡的产量就下降，锡清了，产量就下降，铁没还原，但锡又还原得不够。因此就摸到一个标准要加多少焦炭才合适。将这个增减过程记录下来就是一条曲线，然后就可以进行理论分析。当时，我做这个事情，做得很高兴。

所以我在写锡冶金，将这些东西写进去后，把它提高到理论上，就是铁锡还原的问题。铁锡还原，什么时候还原，而且铁和锡还原以后生产合金，合金的性质又反过来影响还原，我后来又写了文章，当时发表在云南省的学术研究刊物上，这些对学术也有用处，对教学也有用处。”❶

著《锡冶金》

20 世纪 70 年代初，冶金工业出版社确定邀请戴永年参加《锡冶金》的编写团队。1977 年，由戴永年参与编写的《锡冶金》正式出版，这是我国第一本正式出版的锡冶金方面的专业书籍。关于这本书的问世，戴永年总结是自己多年来在锡冶金方面“所想、学习、研究”的过程中完成的。这本书可以说汇集了戴永年专注锡冶金研究几十年的心血。

那时，我国在锡冶金方面的实际生产已经非常强了，经验也很丰富，遗憾的是没有一本全面的专业书籍来进行全方位的介绍和总结。

戴永年前期对炼锡过程中炉渣、锡铁合金的持续研究，以及后来在真空分离铅锡方面取得突破，均为《锡冶金》的成稿打下了理论描述、实际操作的基础。

也是为了编写《锡冶金》，戴永年将国内外有关锡冶金的书籍一

❶ 戴永年访谈，昆明，存于采集工程数据库。

一熟悉。“日本的有两本，苏联的有两本，美国有一本，世界上的锡冶金大概就那么几本，我就都拿来学习，学习国外的情况。”据戴永年回忆，除此外，还有云南锡业公司编的一本有关国外锡工业发展简述的刊物也补充了很多知识，这本杂志主要集合了当时国外锡冶金的前沿状况。

在前期专注锡冶金的研究并积累了丰富经验的基础上，戴永年再随编写团队到全国的炼锡厂进行实地考察。广州冶炼厂、广西西湾冶炼厂、广西柳州冶炼厂、上海冶炼厂……可以说《锡冶金》的问世集合了这支团队对国内外当时最先进的炼锡技术的全方位学习，也是全国诸多优秀冶炼厂先进技术以及专家学者们经验的总结。

《锡冶金》

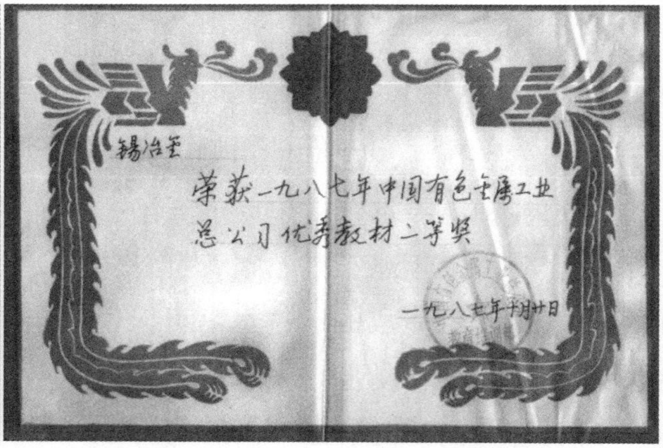

《锡冶金》获奖

这本书集中呈现了我国多年来的炼锡经验，成为那个年代集生产、教学、科研、设计于一体的一部重要参考书和教科书。由于当时处于“文革”时期，出书都不署个人名字。1987 年《锡冶金》被中国有色金属工业总公司评选为公司优秀教材二等奖。“锡冶金”也成为戴永年前半职业生涯中教学和科研紧密结合的主题。

梦里寻她千百度

留校任教的岁月里，戴永年被一位可爱的姑娘所吸引，仿佛梦里寻找千百度的爱人便是蓦然回首的这一位。她，就是赵瑞芳，离休前是云南大学历史系教授、系主任。

结婚六十多年，赵瑞芳回忆起与戴永年第一次见面的场景依然记忆明朗、细节清晰。那是 1950 年，她与同学一同来到云南大学，戴永年在云南大学念大四，中间有位朋友恰好都认识两人，便相约在校园里介绍彼此认识了。

1952 年的赵瑞芳

远远地，赵瑞芳就看见了迎面走过来的戴永年，他穿着一件灰色的外套。走近一看，衣服上前肩、后背处各补了一个大大的补丁。虽说那时同学们衣着上打补丁的情况也很常见，但是这前后对称的补丁还是引起了赵瑞芳的好奇。一旁的同学见状笑着向赵瑞芳聊起了戴永年的过去："那是当初被国民党残余分子窜扰通海时，永年参与现场狙击受枪伤打穿后背而留下的。"听完补丁的来历，赵瑞芳对戴永年瞬时多了几分敬仰，加之戴永年为人正派，说话风趣幽默，让她多了几分亲近感。

有了这次相识，戴永年与赵瑞芳陆续开始了不间断的联络。缘分就是这样的奇妙，1952 年赵瑞芳作为玉溪专区推荐的优秀进步青年，通过考试录取进云南大学历史系。此时，戴永年也已经是云南大学矿冶系的青年教师了。在同一片校园下，彼此见面和接触的机会也就更多了，共同的志向、人生观、世界观，有着参加革命的相同经历，让他们彼此的交往自然而然，相处日深，两人的感情也越来越深。

解放初期，当时的大环境是向苏联学习先进的知识和技术，大学校园里也掀起了学习俄文的热潮。赵瑞芳当时也在学习俄文，戴永年从生活费里节省出一部分费用，到书店买了两本俄华词典回来，送给心仪的赵瑞芳一本，自己也留了一本。细心的戴永年还为字典做了导录，方便赵瑞芳查找生词。那是戴永年送给赵瑞芳的第一份礼物，这让少女赵瑞芳的心底泛起了点点涟漪。

随着双方相互了解和交往的深入，戴永年与赵瑞芳之间的关系自然而然进展到了谈婚论嫁的阶段。在20世纪50年代，共产党员的婚姻要得到组织的批准才算有效。当时，赵瑞芳向党支部的一位负责人说明了与戴永年之间的关系，并表明两人有准备结婚的打算，但这位负责人的答复让当时的戴永年和赵瑞芳都备受打击。

赵瑞芳是党员，她下乡的时候，党组织关系转去了玉溪，后来组织推荐她考大学，党组织关系又转到了云南大学。戴永年因解放初期受伤回昆明后党组织关系没能得到妥善衔接。当时的支部负责人并没有深入了解戴永年前后的经历，看到“脱党”的历史，对戴永年有了一些偏见和误解。

“脱党”问题，并没有把戴永年与党组织隔离开来。戴永年加入中国共产党时，就认为这是真正一心为民的组织，新中国成立后，国家发生了翻天覆地的变化，老百姓翻身做了主人，这都跟共产党人抛头颅洒热血的革命斗争分不开。“脱党”问题发生后，戴永年没有丝毫抱怨，他认为这个过程中出现的误会是当时自己没有处理好，所以无论组织的决定是怎样的，他依然愿意与党组织保持联系，积极学习，与时俱进、提高自己的思想觉悟。

面对婚姻也因“脱党”问题而受阻，戴永年当时确实有些受打击，但并没有因此在爱情面前退缩，更没有因此而怀疑自己的信仰，他依旧积极学习，努力工作，与党组织保持高度一致，用行动来证明自己初心不变。戴永年也特别感激，在这个过程中赵瑞芳对他始终信任、不离不弃。虽然，婚姻的问题因为自己的原因而被搁置，赵瑞芳依旧与戴永年保持着正常的交往，他们静静地等待，相信这个问题一定会在未来的某一天能得到解决。

1954 年，昆明工学院通知戴永年将要派他去中南矿冶学院（现在的中南大学）念研究生，这一去将是两年。戴永年当即找到赵瑞芳，把这个好消息告诉了她。更让赵瑞芳想不到的是，戴永年再一次向赵瑞芳求婚，希望在去中南矿冶学院前两人能举办婚礼。赵瑞芳欣然同意，即便相隔千山万水，她相信眼前的这个人是值得托付终身的。时隔两年，两人决定再次向党支部提出结婚申请。

恰巧当时云南大学新组建了党总支，新的支部书记得知戴永年和赵瑞芳的问题，考察了戴永年近几年的表现后，很快就批准了两人的结婚申请。两人对情感的忠贞不渝，时间成了最好的见证者。

1954 年 3 月 31 日，戴永年和赵瑞芳在云南大学会泽院大厅举行了结婚典礼。那时，刚刚工作没几年的戴永年工资并不高，生活还比较清贫。同时，他还要支援身边的侄儿、侄女念书，照顾年迈的父亲，接济没有工作的姐姐，加上日常开销基本上就把戴永年有限的工资支配完了。赵瑞芳是调干学生，有调干助学金，当时他们日常的积蓄就只能依赖于她的助学金了。

当天，戴永年和赵瑞芳的结婚典礼办得很简单。婚礼虽然简简单单，但是仪式还算隆重。戴永年和赵瑞芳在云南大学会泽院一楼的大厅专门举办了一个舞会，请到了云南大学校长李广田主持婚礼。现场家人、朋友、学校老师、学生们纷纷来道喜，赵瑞芳拿出自己的积蓄，为每一位来宾都准备了一个喜包，里面放了些瓜子糖果之类聊表回礼。后来，据戴永年回忆，这样的结婚仪式形成了一种潮流，大家结婚都按照这样的形式来办。

1954年3月戴永年与赵瑞芳举办了婚礼

那时，戴永年住在学校的单身宿舍，一人一间，面积并不大，只能摆一张床一张桌子。结婚时俩人也就暂时挤在了单身宿舍里，连结婚的家具他们都没有能力添上一些，所幸学校给临时配了一点。

到中南矿冶学院深造

当时大学毕业，如果继续靠家庭支持深造，对戴永年来说是根本不可能的。父母靠勤劳、节俭、诚信，小心打理小本营生，得以维持一家生计并供戴永年三姐弟读书（直到1953年公私合营后，戴永年父亲的小店才宣告完成历史使命）。大学毕业后，戴永年不忍再看到年迈的父亲为自己操劳，自己又是家中唯一的男孩，该到了回馈家庭的时候了。大学毕业后，戴永年就选择了工作。

幸运的是，戴永年并未因参加工作而搁置下学习的脚步，他相信未来的路还长。果真，工作三年后，他等到了一次难得的深造机会，戴永年借此机会走向了科学更加广阔的天地。

1954年，正值昆明工学院冶金系建系之初，招生人数较多，教师数量相对紧张，但冶金系领导十分重视师资队伍的建设和培养工作，于是决定派青年教师外出学习，戴永年被列入选派名单，他将被派往中南矿冶学院研究生班学习。

这难得的机会，对戴永年和赵瑞芳这对新婚燕尔的年轻人而言，却是一次考验。赵瑞芳的通情达理给予了戴永年莫大的支持，离别之际，她不但同意与戴永年的婚约，并倾其积蓄办完了婚礼。当时，赵瑞芳正在云南大学读大二，上进好学的她也不愿因结婚、与戴永年的暂时离别而影响到彼此的学业，于是婚礼结束不久后，赵瑞芳就搬回了自己的学生宿舍，而戴永年则远走湘江之畔。新婚燕尔就要别离，这件事哪怕是在现在来看，无论对谁都是考验。他们彼此都坚信“两情若是久长时，又岂在朝朝暮暮”，在这两年里，他们依靠书信相互鼓励，在两地潜心苦读。两年后，当他们再度重逢，相守便是一生。

在中南矿冶学院的那段日子里，戴永年认真勤奋地学习，眼前真正地展现出五彩缤纷的宝藏，那变化多端的矿藏和矿冶科学竟是如此神奇，使戴永年深深着迷，受教于名师苏联学者依·尼·皮斯库诺夫[1]和我国著名的有色冶金专家周则岳[2]等，收获颇丰。

当时，依·尼·皮斯库诺夫也是年近古稀，头发全白了，但是上起课来一点也不含糊，每次讲课都非常认真，这深深打动了年轻的戴永年。他回忆，每次老师上课都会认真写好讲稿，并把讲稿打印好分发给每一位学生。为了避免语言不通而造成理解障碍，老师还会将俄文的讲稿再请人翻译成一份中文的，每位学生手里就会有

[1] 依·尼·皮斯库诺夫，苏联援建中南矿冶学院的冶金专家。

[2] 周则岳，中南矿冶学院教授，有色金属冶金专家。

两份讲义，一份俄文的，一份中文的。上课的时候，也会有现场翻译逐句翻译。在中南矿冶学院的学习，让戴永年更全面、更系统地学习了冶金知识。相比本科时期基础性的课程，在中南矿冶学院时期的“冶金炉”“自动控制及设备”“物理”“化学”等课程的补充，使戴永年对专业知识的学习更系统也更深入。在实践方面，受困于交通和当时体制的限制，大学期间戴永年的考察范围仅限于云南省内的几家冶炼厂。在中南矿冶学院的两年里，在导师的带领下戴永年走遍了全国著名的钢铁冶炼厂及研究机构，如鞍钢、沈阳冶炼厂、北京金属所、东北工业学院等都曾留下他的足迹。

在这段日子里，戴永年得到了很多名师的指点，专业学识有了很大的提升。其中，他尤为感激留英归来的赵天从老师，他是专门研究炼锑的。赵天从教授从英国回国后，很长一段时间在锡矿山研究炼锑，后来到了中南矿冶学院当教授。他很关心学生们的学习，经常到学生中间了解他们的学习情况，得知戴永年的家乡远在昆明，便经常邀请他到家里做客。戴永年毕业回到昆明后，师生二人一直还保持着书信往来，赵天从得知戴永年正在研究真空冶金，便写信给他（1990 年），说武钢有个镀锌车间，镀锌渣已经堆成山头了，让他去看看。戴永年在武钢考察结束后，实现了热镀锌渣真空处理，这个项目后来还得了国家奖。

在中南矿冶学院念书期间，戴永年的父亲逝世，当时的交通条件让他来不及回家奔丧，这也成为戴永年此生的遗憾。

在中南矿冶学院学习了两年后，戴永年回到了红土高原，从此，一直坚守在他热爱的教学及科研岗位上。

三

真空先驱　创新不息

- 组建我国第一个真空冶金实验小组
- 受“文革”影响研究受阻
- 探索“内热式多级连续蒸馏真空炉”结构
- 第一笔科研经费
- 21 年铸一炉
- 分离锌和铁研制卧式真空炉
- 韶关冶炼厂
- 研究合金分离的基本规律
- 关注新能源研究开发——锂离子电池和材料
- 关注新能源研究开发——冶金法
  制备太阳能级多晶硅
- 对其他有色金属的研究
- 创建真空冶金及材料研究所
- 关注有色金属真空冶金的持续发展

组建我国第一个真空冶金实验小组

做好教学工作的同时，戴永年时常挤出时间去工厂一线，创造条件开展一系列的科学研究。他把理论带到实践中，又从实践中获取新的认知来反复验证理论，推进理论更新发展。在往返学校与工厂之间，戴永年摸清了传统冶炼的弊病。有着有色金属王国美誉的云南，矿产资源丰富，冶炼历史也非常悠久，但还沿袭着古法冶炼，一线工厂一直持续着“在空气中冶金”，在常压下进行铜、锡、铅、锌等矿石的冶金作业，流程长、消耗多、浪费大，污染环境，且工艺不够理想、效益低。戴永年深感这样的状况与日新月异的社会发展极不相适应。面对长久以来没有任何改善的现实，戴永年在心底暗暗提醒自己：不能等，要创新。我国著名科学家周培源曾说“要在科学上有所建树，就应该解放思想，破除迷信，敢于实践，大胆探索”，戴永年在一次又一次深入工厂的过程中，对这句话有着越来越深刻的体会。

对于实地考察的收获，戴永年印象最为深刻的一次是在云南锡业公司。工厂附产的锡铅合金运往上海加工，分成锡和铅。因为这种合金不便直接用作焊料，需要分成锡和铅，分离这种合金的技术当时在上海冶炼厂，戴永年曾到上海冶炼厂的二车间实习过。在20世纪50年代，运焊锡去上海，交通极不方便，单单运费算下来就是一笔不小的数目。多年后，上海冶炼厂的这种合金技术才引入到云南锡业公司，由炼锡厂自己加工，免去长途运输，省时省事也省钱。

但是，这种加工用的氯化物电解法，流程很长，它的工序繁杂：铸阳极、电解、阴极锡熔化、加氯化亚锡除铅，阳极泥在反应锅处理成氯化亚锡，氯化亚锡配电解液送电解，产出的铅又经氧化脱锡成粗铅，氧化物再还原成铅锡合金，整个过程下来共有 7~8 个工序，还存在分离不彻底的问题。工序繁杂，占用设备多，金属损失量大，成本高，对环境还有污染。所以，这个方法虽然可以实现铅、锡分离，但还不够理想。

如何高效率地将铅和锡分开？这个问题一直困扰着戴永年。1957 年，对戴永年来说，是解决这个困扰的转折年。

1957 年，苏联专家谢夫留可夫❶来昆明工学院（现为昆明理工大学）讲“锡冶金”的相关课程。其中他讲到真空蒸馏精炼锡的尝试，并介绍了苏联专家穆拉契❷教授做的小型实验，在小型真空炉里他实现了锡、铅、铋的分离。他提醒在场的师生，如感兴趣可以去尝试做做这个实验。

说者无心，听者留意。戴永年决定要试一试这个真空冶炼的小实验。当时，实验室里没有任何真空设备。没有就想办法创造，戴永年与几个年轻教师一起找来一个小型的管式电炉，选配了两个大小合适的塞子，塞在了电炉的两端，然后在塞子上打了小孔，用橡皮管连接起来，再接上真空泵。这样，一个简易的真空炉就做成了。当时戴永年用了不到十克的小瓷舟，一做实验就很快成功了。

这小小的尝试带给戴永年巨大的震撼。苏联教授带来的启发如闪电划破黑夜，戴永年终于找到了解决困惑的突破口。真空冶金，这个新名词迅速植入戴永年的大脑，以此为基础，他开始大胆地假

❶ 谢夫留可夫，苏联支援昆明工学院的冶金专家。

❷ 穆拉契，苏联冶金专家，教授。

设与思考。

真空冶金一般都在几千帕以下的压力下进行，空气对冶金过程的影响十分微弱，物理和化学过程都发生了变化。与传统的常压冶金相比，真空冶金能完成一些常压冶金解决不了的问题，并具有许多独特的优点，如对环境无污染或极少污染、流程短、占地面积小、基建投资少、能源和原材料消耗少、金属的回收率高且不易氧化、劳动环境及条件好、可显著降低作业温度等。真空冶金还有利于增容反应的进行。在真空状态（即使千分之一或万分之一个大气压）下，反应需要的温度明显降低，液体容易变成气体，蒸发的速率比常压下能提高数十倍，减少燃料的消耗，从根本上改善工人的劳动条件。真空冶金能够提高产品质量。真空冶炼系统是密闭的，冶炼过程缩短，更容易控制。真空冶金有利于环境保护。在常压下，一些活泼金属会参加反应，冶炼过程容易与空气中的氧气发生化合反应并容易挥发，不仅产品纯度降低，而且会造成严重的环境污染。而真空冶炼中金属不易氧化，提高了金属的回收率，且没有废气、废水、废渣的排放，对环境基本无污染。如果在工厂能真正实现产业化，那将能实现生产成本降低，经济、环境效益变好。

在理论推断中，戴永年万分兴奋和激动，他预感曾经困扰着自己的那些问题即将找到解决的突破口。有色金属真空冶金研究起始于20世纪20年代，经过世界各国科技工作者近一个世纪的努力，如今真空技术及理论已在有色金属的熔炼与精炼、合金分离、化合物的还原以及高纯金属的制备等方面都得到了广泛应用，取得了明显的经济、社会和环境效益。但在当时，真空冶金对于戴永年来说完全是一个新名词，在业界也还是一片处女地，既没有系统的知识和理论著作，也没有相关的实验设备。大胆的假设哪怕可以成为现实，但前路崎岖，一片荆棘。如果戴永年要在这个方向继续探索下去，那就意味着要走一条前人从未走过的路。

关于真空冶金的各种猜想在戴永年脑海中挥之不去，反反复复在心间徘徊。无论是从提升金属的冶炼效率还是从改善工业环境的角度来看，真空冶金相对传统冶炼来说都是质的飞越，一旦成为现实就是利国利民的重大成果。从个人的角度来说，如果能在真空冶金领域有所突破，将满足戴永年长久以来服务于民的热情，也能提升国家的科技实力，为家乡的矿业事业真正有所作为。想到这些，无论将来会有什么困难，戴永年都决心要去寻找打开真空冶金之门的钥匙。

爱因斯坦说："科学研究好比钻木板。有人喜欢钻薄的，而我喜欢钻厚的。"戴永年一直非常欣赏这句话，当科学研究成为他生活中最重要部分的时候，戴永年也非常"喜欢钻厚的"。

此时开展真空冶金方面的研究，面临的困难很多。20 世纪 50 年代末，国内不仅没有真空冶金的系统知识著作，也没有与专业相关的可参考的数据资料。苏联专家所介绍的仅限于小型实验。所有真空冶炼技术的数据、指标及相关设备的设计制造，以及真空冶金在重金属生产中的数据，都很少见。从这样的角度来看，戴永年选择的课题真有点像"钻厚木板"。

1958 年，在戴永年的带领下，昆明工学院组建了我国第一个真空冶金实验小组。借带学生实习的机会戴永年与小组成员一起到个旧锡矿、鸡街冶炼厂、昆明冶炼厂、云南冶炼厂等地开展科学研究。一年四季无论风吹雨打、严寒酷暑，戴永年有空就往工厂跑，家里刚买的崭新的自行车，没过多久就被他骑旧了。

当时，开展真空冶金研究的关键问题在于没有可参考的设备进行实验，而关于这个设备的研发戴永年用了 20 年。戴永年回忆起这 20 年的时光，也颇为惋惜，"本来也可以短一点"，可惜当时国内政治运动不断波及高等院校，乃至后来直接停课闹革命。时光匆匆，岁月蹉跎，20 年转瞬即逝。

受“文革”影响研究受阻

在反复地实验摸索中，戴永年在真空冶金领域积累了一些经验，为把研究进一步往前推动，他开始设计真空冶金扩大试验所需的设备——真空冶炼炉。围绕这一核心，面临的主要难题是，如何才能把冶炼过程转化真空，怎样抽真空和怎样测量真空度。

相比这些技术难题，制约戴永年解决问题的关键是巧妇难为无米之炊，当时的大学不是科研单位，没有任何科研资金的支持。没有资金，任何一个技术环节的探索都步履维艰。这一系列的问题还没有丝毫头绪来解决，让戴永年始料未及，也无法回避的是，波及全国的政治运动开始了，原本宁静的大学校园也受到了这场运动的冲击和影响。

1966 年，“文化大革命”开始，大学“停课闹革命”，昆明工学院中断了原有的教学和科研工作，冶金系一部分教师、学生遭到错误的批判，一些系领导被错误地当成走资派遭到批判，大字报铺天盖地，一些珍贵文物、图书、文献资料遭到破坏，招生工作被迫停顿，正常的工作秩序被打乱，冶金系及各教研组长期处于瘫痪状态。从 1966 开始，昆明工学院连续五年没有招生[1]。

戴永年日思夜念的研究工作此时已经无法进行，只能无所事事，“一天到处晃”。这样的生活让他备受煎熬，他心中默默地琢磨着与真空冶金相关的实验，但一切却无法去实现。心有不甘之余，他内心深深坚信，眼前的这一切都会过去，新秩序一定会来临。

---

[1] 《昆明理工大学冶金工程学科发展史（1954~2014）》第一章　科学发展。

由于1949年在通海受伤后回昆明治疗所造成的“脱党”问题，在“文革”中，戴永年不可避免地成为被批判的目标。全民“大炼钢铁”四处砍树烧炭、砸锅炼铁，戴永年对这些匪夷所思的做法也提出了异议；同时他坚持真空冶金研究，参加相关政治运动的时间少了些，这样他被视为“不问政治”“走白专道路”。

戴永年还来不及细细回味眼前的变化，一系列的批判和陪斗就劈头而至。他刚刚萌芽的科研理想，遭受了迎头痛击，所有的相关研究工作不得不完全停滞。

因为“走白专道路”，戴永年在“文革”中吃了不少苦头，他一度被派往昆明周边偏远地方进行体力劳动。时而是学校在草铺的农场，时而是挖碱槽河，时而是安宁八街，时而是白渔口，每被派往一处，他要面对的均是非常繁重的体力劳动。

据戴永年的妻子赵瑞芳回忆，那段时日里，戴永年被不断派往昆明各个不同的地方去劳动，而且“每次被派遣劳动的名单里总会有他，而一旦被派去之后他就经常会被遗忘，他都在从事强体力劳作，以至于很长时间里都没有人去替换。”❶

一段时间里，戴永年被长期派往白渔口劳动。当时，分配给戴永年的具体工作是插秧、挑粪等重体力活。由于劳动强度大，劳动条件差，日复一日休息不好，又经常吃不饱饭，时日一长，戴永年就患上了水肿病，皮肤亮晶晶地肿胀起来，用手轻轻一按就是一个凹坑，整个人也日渐消瘦，形容枯槁。

戴永年终于得以暂时回家时，妻子看他被繁重的体力活、长期的饥饿拖垮的身体，看在眼里疼在心间。她不知道这样的状况长此以往还会发展到何种地步，内心煎熬却又找不到解决问题的办法，更不知道这样的日子何时才会结束。那时，医药物资也非常紧缺，戴永年的肿病迟迟不见好转，赵瑞芳就尝试着买药水自己在家里给他打针。这样的身体状况，也随着戴永年不断被派遣劳动而反反复

❶ 赵瑞芳访谈，昆明，存于采集工程数据库。

1972 年 6 月，戴永年在昆明工学院农场劳作

复，时好时坏，直到后来运动结束他彻底回到学校，休养了一段时日这种情况才得以好转。

在戴永年不断被派往各地劳作的日子里，他的科研、教学工作都被一一搁置，甚至连家里也照顾不到。赵瑞芳回想起那段岁月依旧会感慨，自己和戴永年都是潜心做学问的人，日常几乎不会陷入人际是非，对于运动中人与人的争斗更是完全不能理解。她依稀记得自己的一个同事因冤案被推到台上批斗，台下的她清楚事实真相被扭曲，不忍同事遭受不白之冤，就走上台去说明情况，结果自己也一同遭受批斗，还被戴上了“教师小爬虫”的称号。

极“左”思潮泛滥的年代，戴永年被视为“走白专道路”的典型，经常受到批评和冷嘲热讽，晋升职称几乎被停滞，戴永年每次申报职称，名字每次都被从晋升名单中删去，这似乎成了惯例。每一次满怀希望，每一次都会落空，这种情况一直延续到后来他的科技成果被国内冶金界所公认。

实践是检验真理的唯一标准，在自然科学领域也是这样。做科学家不仅要有高于常人的眼界学识，还得敢于在逆境中坚持自我，尊重事实，服从真理，这在当时需要极大的勇气和信念，也要为此付出更多的艰辛和忍耐。所幸，这一切，戴永年都走了过来。

探索“内热式多级连续蒸馏真空炉”结构

1978 年 3 月，戴永年在“文革”期间遭受的不公正待遇得到平反，并被认定其 1949 年 8 月加入中国共产党的事实。他终于从工厂调回学校来继续教学、搞科研。

重新回到教学和科研岗位的戴永年一头扎进工作中，去圆那已被耽搁了十年之久的真空冶金梦想，那些在他大脑中一遍又一遍模拟过的用真空冶炼来分离铅锡合金的方法终于得以用实验去验证可行性。

当时，大家彼此还没有“专利”“知识产权”等观念，甚至更多人还无法准确理解科学研究的目的，眼光仅局限在于现成书本知识上；又或者只是单纯把发表科研论文当作目标，许多创新改造、科研论文在发表、获奖后，就被束之高阁，能在实践中进行转化的少之又少。戴永年的成长横跨新、旧中国两个时代，他深感落后就要挨打的道理，更是体会到只有科技成果转化为生产力才能真正实现他想为家乡、为国家做点实事的愿望。

当时，在真空冶金方面，国内也有几家机构在研究，有的也获得了一些进展，戴永年在与他们互相交流、参观过程中发现，这些方法都还不够经济。那时还没有“专利”之说，特别是在高校的老师更没有这个观念。戴永年只想着自己的研究发现能用于实际生产就心满意足了，所以只要研究过程中能有一点进展就立即与相关行业的人分享、交流、探讨，甚至邀请他们到自己的实验室来看相关的实验情况及工作进展，希望在彼此的交流中能获得更多的发现和灵感。戴永年这样回忆当时的情况：

“柳州冶炼厂也在做，个旧研究所也在做，昆明冶炼厂也在做，我们也在做，我们几家互相交流经验，我去参观你，你来参观我，我们做成功以后马上就打字，把主要指标发给各个单位，希望这几个单位也取得进展，那时候知识产权没有这个概念，也没有专利，不兴申请专利，我们有一条就是希望做的东西能用到工厂去，就是那么一个要求，他们来看，云锡公司 20 天左右天来了 5 批人，一批是一冶的，一批是研究所的，一批是公司的，一批是三冶的，然后就留下 5 个人，还有几位留在我们这里做实验，在我们这里做，我们已经做到日处理 400 公斤。”❶

在这十多年的时间里，戴永年和他的团队逐步试过一些炉型，比如曾有冶炼厂实验“自导”炉。戴永年做了多次试验，但发现当通电到一定强度后，金属液会自动断开，又流回接通，从而引起不断地打弧，也难于用多盘进行，要想进一步扩大规模便受到了限制，最后关于这种炉型的实验只能停止。

据戴永年回忆，还有一家工厂实验了一种炉型，基本上可以实现铅和锡的分离，但每吨料的耗电量高达 16000 度，以当时 8 分钱一度电计算，这种炉型真空分离铅锡的电费就达 1200 多元每吨，这远远超过了电解法的成本（当时每吨为 1000 多元）。了解到这个结果后，戴永年考虑再寻找其他途径来尝试。

❶ 戴永年访谈，昆明，存于采集工程数据库。

戴永年对真空冶金的研究执著而痴迷，这十多年的时间里不论遇到任何困难都从未想到要放弃。但时日一长，并不是周围的每一个人都能对他研究的课题有实际、贴切的理解，旁人更无法想象这样一个开天辟地的研究所要付出的时间与辛劳。也就在这一时期，校园内有了一些针对戴永年的非议："戴某的实验，根本没有意义，只能做教学实验给学生们看看。"甚至在学生之间也有了一些类似的传言。

人不知而不愠，不亦君子乎？这些令人有些消极的传言渐渐传到了戴永年耳朵里，他感受到铺面而来的压力，但是他没有气恼，更没有灰心丧气，他反而更加坚定信心一定要把真空冶金的研究做出结果来，而且要弄清楚耗电 16000 度究竟是为什么？

摒除一切杂念，戴永年计算了使合金加热到 1200℃，再将 30% 的铅蒸发理论上的耗电量。计算结果令他大吃一惊，若热效率为 100%，只需耗电 160 度；若热效率为 30%，耗电也只有 540 度，而别人的实验是 16000 度！是不是我算错了？

戴永年内心欣喜与惊奇交织，他预感自己即将要真正推开真空冶金的这扇大门了。

戴永年反复核对，唯恐是哪一个环节出现了失误。一次又一次的计算结果表明，这其中并没有半点失误！这证明了戴永年之前设计炉型的合理性及其热效率的问题。合理的计算结果坚定了戴永年继续深入实验的信心，也明确了下一步研究方向——想办法改善炉型，提高热效率。

在多次小型实验取得研究成果的基础上，戴永年开始把注意力转向进一步扩大试验，促进科研成果向生产力的转化，以真正实现推动生产发展。实际又迫在眉睫的是，扩大试验规模就需要建设扩大的实验室，创造条件做大型试验，研究适合的设备，将这些一一转化为现实需要具备一定的人力、物力、财力，而这些当时学校都有困难。

戴永年面对这些问题一筹莫展，被无米之炊考验得精疲力竭之时，居里夫人提炼一克镭的故事打动了他。居里夫人在一间冬天如冰窖，夏天像蒸笼的简陋木棚里坚持提炼镭，每天把二十公斤铀矿放入蒸馏锅加热不停搅拌，再把沸腾的矿浆倒入另一口锅沉淀、分离、结晶，这样的工作日复一日、年复一年，单调重复数万次提炼，一干就是1400天。居里夫人说“科学家们在成功的道路上流的不是汗水而是鲜血，他们的名字不是用笔而是用生命写成的”。榜样的力量和内心的信念支持着戴永年及科研小组成员不懈努力，去跨越现实中那一道道艰难的障碍。从1958年开始，戴永年带领着真空冶金小组着手研究真空冶炼新工艺及真空冶金炉，一路艰辛，他们不等不靠，创造条件进行试验。

这项研究的核心是炉型的结构，苏联最早做的真空冶炼实验，加工的材料炉子很小，试料仅为几十克。现在要研究每天可以处理几吨或几十吨的工业用设备，谈何容易！没有先例，就没有任何的借鉴之处；没有资金，处处捉襟见肘；但是想要走下去所有问题都得一一去解决。戴永年首先提出一种设想，大家一起绘图纸、计算有关数据，然后找资金，制作、加工、实验……经过一次次的尝试，一次次的失败，他终于带领课题组摸索出“内热式多级连续蒸馏真空炉”的基本结构。

第一笔科研经费

在研制“真空炉”的初期，戴永年的整个团队几乎没有经费来源，在还没有成立研究室的情况下，由冶金系的几个老师带着一群学生组成简单的协作团队，遇到困难他们想方设法克服，出了问题也只能靠自己解决。难能可贵的是，那时大家都是心往一处想，劲往一处使，并没有谁向戴永年提出要额外的酬劳这样现实又让人棘手的要求。

科学研究道遥且艰。那时候大学校园里还在为“大学要不要多搞科研”而争论不休，甚至还有不少人认为搞科研不是大学老师的本分，教师就应该好好搞教学，不应该把时间和精力放在看不见未来的科研工作上。

面对层出不穷的流言蜚语，戴永年顶着来自各方面的压力，做好教学工作的同时，继续坚持做科研，扎扎实实做好每一个环节，坚定不移地走自己的路，朝着多年前就已定下的目标前进。不忘初心，这简简单单的四个字，戴永年一路走来，其中的艰辛从不与外人说。

当时有一件事，对戴永年有着莫大的鼓励。他们的实验室是在学校 2 号楼，因房间比较紧张，3 个大课题组共用一间实验室，就在 1 楼右边第一个房间，门口经常是人来人往，人路过只要一抬头就可以看见里边的人在做什么。邻近 2 号楼的 3 号楼就是学校的行政楼，常常有学校的领导从实验室的门口经过，时不时会有部分领导顺道走进实验室看看。学校的赵建中老师就是其中一位，当时他担任昆明理工大学的党委副书记，主要分管学校科研教学方面的工作，他进实验室了解情况的次数比较多，每次询问大家的实验情况也比较细致。他与戴永年交流的次数也比较多，每次戴永年都会非常详细地给他讲解近期的实验进展和发现，让校领导尽可能全方面地了解近期自己及团队的相关科研工作。

不久，学校科研处的职能部门突然通知戴永年，学校给拨付了 700 元钱的科研经费。这是多年来，整个团队得到的第一笔科研费用。

消息在实验室传开，可把真空冶金实验室里的每一个成员都高兴坏了，虽然 700 元并不能解决太多的问题，这却是一个来自学校对整个课题组关注与重视的信号。这 700 元也是戴永年得到的第一笔科研经费。他喜出望外地拿着这 700 元钱和自己设计的真空冶金炉的设计图纸，找到在工厂的老同学、老朋友帮忙，终于成功地制作出了期待已久的真空炉壳。

炉壳只是一个基础，离一个完整的真空炉还很遥远，经费的问题又再次摆在了眼前。

这段时间里，戴永年常常去云南省冶金局科技处开会，主要参与讨论云南省冶金行业当前面临的一些问题。戴永年时常在会后，找到科技处的处长姚勋，与他汇报自己正在做的研究内容，借着机会也与他一点点介绍目前真空冶金研究的进展以及面临的困难。开会的次数多了，戴永年与冶金局的汇报也越来越全面，时日一久，姚勋渐渐地了解清楚了戴永年当前研究课题的进展以及这项研究的重大现实意义，也洞察到戴永年的确是带领着整个科研团队实实在在地做事，迫切想解决一线生产中存在的实际问题。

也许是戴永年对真空冶金的执著、真诚打动了科技处的领导，又或许是科技处也看到了这项研究的长远意义，一天，戴永年接到了一纸通知，要求他去冶金局科技处，他以为这如往常一样只是去参加一次普通的会议。戴永年刚刚来到科技处，姚勋便开门见山地告诉戴永年，云南省冶金局科技处将借给昆明理工大学真空冶金实验室 5000 元科研经费，以解决当前实验室面临的经费困难。

戴永年喜出望外，当 5000 元钱真正拿到手时他却又隐约有些犯愁，“这是科技处借给我们的钱，有借有还，这么多钱将来可怎么还得上？”戴永年心里七上八下，当时他的月薪仅 70 多元，若要还完这 5000 元得到什么时候？但转念又一想，这笔钱是借拨课题组的研究经费，先把好钢用在刀刃上，解决当前的燃眉之急，争取早日出成绩或许才是解决问题的关键。戴永年用这笔经费买了变压器，做成了炉芯，还向云南锡业公司冶炼厂借了 1 吨实验用料，基础的实验才得以开展。

5000 元对于整个科研进展来说，完全是杯水车薪，这笔“借来”的科研经费大概半个月都不到就很快就用完了。正在大家心有不甘却又一筹莫展的时候，科技处又把戴永年叫了去，没想到科技处进

戴永年设计的真空炉

一步研究之后，计划拨给戴永年的科研团队 10000 元作为科研资金，这次就是直接拨付，也没提及借的事情。扣掉之前已借的 5000 元，科技处这一次给补拨了 5000 元。在当时来说，这笔费用真是戴永年进一步研发真空冶炼炉的及时雨。

21 年铸一炉

得到了学校和云南冶金局给予的支持，解决了粮草困局，戴永年马上购置了电气设备，放开手制作炉子，他与课题组的同志、部分毕业班的学生一起进行了数百次的试验。有了资金和自己的实验室，整个课题组如鱼得水，如虎添翼，在探索中不断创新。这个看似简陋的真空炉发挥了巨大的优越性，真空冶炼炉也在实验过程中越做越大，冶炼加工的数量迅速从每炉每日炼锡 2 吨提高到 5 吨、10 吨，而占地面积、建设投资和人工消耗是常规技术的十分之一。

当实验室研制的炉子达到日处理 400 公斤铅锡合金时，戴永年主动邀请云南锡业公司研究所和冶炼厂的人来看，还邀请他们一同来参与试验。各类考察团队也接踵而至，随着戴永年的邀请，前后来了多批考察人员，有的现场当即就决定和戴永年的真空冶金实验室一起进行更深层次的开发研究。

开放、包容的心态，让戴永年在交流学习中迅速地找准方向，对研发的真空炉进行针对性地改良，很快炉子就扩大到能日处理两吨料，试验的地点从学校搬到了工厂。戴永年和同事们带了一批学生直接到厂里去做试验。这样的情况直到 1979 年由云南省冶金局主持鉴定试验成果。

科学研究的道路从来都不曾一帆风顺，层出不穷的困难无时无刻不在考验着寻宝者的智慧、决心与毅力。在戴永年研究真空冶金炉的过程中，也遇到了各种各样棘手的难题。

在炉型的研制过程中，曾出现锡管被腐蚀的情况。锡管一腐蚀，很快被蚀穿，真空炉漏气，炉子不能再继续运行。为了这根管子，戴永年带着整个团队又研究了几乎一年。

这个问题解决之后，炉子顺利运行了，但新的问题又出现了。炉内发热体经常被烧坏，戴永年轮番排查问题，曾测得发热体的温度在 1600℃以上，温度过高，自然易被烧坏。戴永年通过对结构、尺寸、材料、作业制度等几方面进行综合改进后，发热体使用时间终于可延长到 1 个月以上。

铅锡合金真空蒸馏，内热式多级连续蒸馏真空炉的研制，由 1958 年开始，到 1979 年由云南冶金局鉴定，这个项目由锡冶金为起点，戴永年经历了边研究边学习真空技术，一路走来解决了无数难题，也经历了一些非技术性的阻碍，漫长的21年后终得以成功。若不是戴永年倔强地坚持，永不停歇地尝试，千方百计地创造条件，这项研究任何时候都有夭折的可能。

“内热式多级连续蒸馏真空炉”这项研究工作历时21年之久，凝聚了戴永年和实验小组成员无数心血。从此，这项技术和设备很快在全国炼锡厂得到应用，并以此为核心广泛用于几种金属的冶炼，创造了巨大的经济效益和社会效益而荣获国家奖。也是由此，真空冶金技术、设备开始走进有色重金属工厂。戴永年并没有为此专门做过任何营销，内热式多级连续蒸馏真空炉迅速为厂家知晓，炉子在厂里正常运转制造的生产力，成为最好的宣传。这套真空炉比起工厂原用的电解法有许多优点：流程短，只有一个真空蒸馏工序；作业速度很快，物料在炉内停留约20分钟就完成作业，流出炉来就分别成为锡和铅。这和传统的方法相比，设备种类少了，消耗的人力、物力、财力也都少了，连车间占地也大幅缩减（可减少约80%），作业成本也减少了80%多，由原来的1千多元1吨，减至120元1吨（1980年计算）。工序减少，金属损失也减少了，回收率由原来的96%提高到99.4%。作业快速，生产规模大增，炉子由每日2吨又扩大到每日5吨，基本建设投资也减少约80%。特别是使原来污染环境的过程改变为无污染的真空环境。

这些优点使内热式多级连续蒸馏真空炉的推广无可阻挡。在最后的鉴定会上，虽然还有一些反对的意见，但也未能阻止它快速在工厂间推广开来。从1980年起，短短几年间就迅速在国内9个省的一些工厂里普及使用，还出口到了巴西、玻利维亚和东南亚等国家。初步从其中的7个工厂所获得经济效益来估算，就已获利约两亿元。

处理锡铅合金的内热式多级连续蒸馏真空炉研制成功，改变了锡冶金的流程，真空炉成了炼锡厂必需的设备。也由此在一些其他有色冶金工厂有了真空冶金过程和设备。渐渐地，工人们也不再觉着“真空冶金”是玄乎乎的东西。加之，真空冶炼对环境无污染、效益好，各家工厂就进一步尝试着把真空冶金扩大使用的范围。比如开始用真空炉分离铅、银，代替自古以来铅、银分离都用的“灰吹法”（即将铅氧化成渣，留下银）或加锌除银再对银锌渣做复杂的处理。现在用真空蒸馏，一次作业就把铅、银分开，铅、银都以金属的形式同时回收。还有铋银合金……越来越多的合金都可以使用真空蒸馏法来分离。

内热式多级连续蒸馏真空炉的用途在扩大，结构也在发展。后来经戴永年进一步改良，又研究成功用于工厂中处理锡锑合金的炉子。真空冶金的大门终于被戴永年打开，他在这片天地里不断开拓，越来越多的不同类型的真空炉被研发出来以匹配不同金属之间的“脾气”，造福冶炼厂及一线的工人。

在内热式多级连续蒸馏真空炉的研究取得突破性成功的基础之上，1979 年，戴永年的真空冶金实验室研究发明的“焊锡真空脱铅技术”获冶金工业部科技进步奖四等奖。1987 年“焊锡真空脱铅用真空炉”获国家发明四等奖。这种真空炉由于技术先进、性能稳定、效率高，对环境没有污染，广受各大工厂的欢迎，很快被全国各地

为了表彰在科学技术现代化方面作出重大贡献的发明者，特颁发此证书，以资鼓励。

项目名称：焊锡真空脱铅用真空炉

项目编号：87-12-103

颁发给

获 肆 等国家发明奖项目的第 壹 发明人 戴永年

中华人民共和国
国家科学技术委员会
一九八七年十二月

戴永年设计的真空炉获国家发明奖

的冶金企业采用，产生了巨大的社会效益和经济效益。并将该设备用于粗铅火法精炼，该工艺于 1989 年获得国家科技进步奖二等奖。

戴永年设计的第一台内热式多级连续蒸馏真空炉几经搬迁，如今依然保留在真空冶金所的实验室里，这被大家称之为“老祖宗”的炉子，外表看上去灰扑扑的也没什么特别之处，但没有人舍得将它拆掉，它见证了戴永年及真空冶金研究所在困境中锐意进取的光辉岁月。

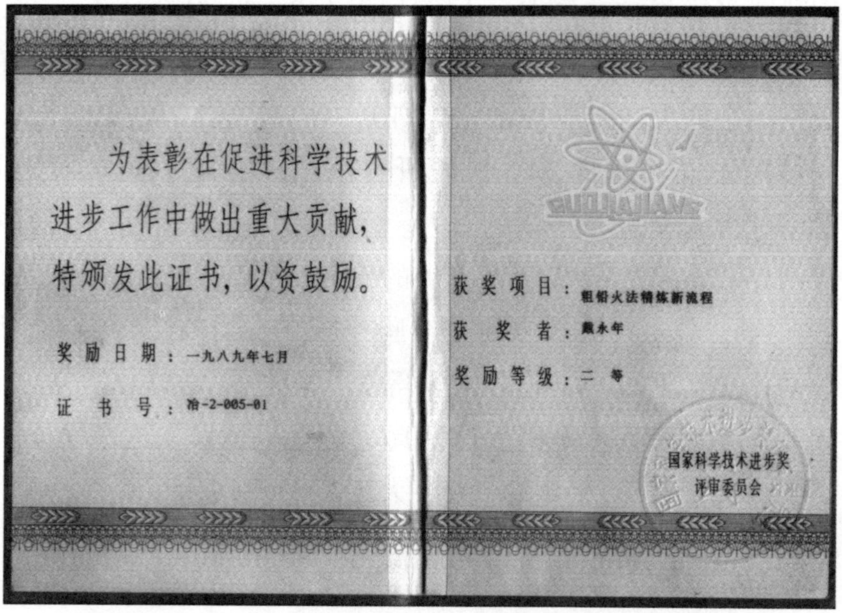
为表彰在促进科学技术进步工作中做出重大贡献，特颁发此证书，以资鼓励。

奖励日期：一九八九年七月

证书号：冶-2-005-01

获奖项目：粗铅火法精炼新流程

获奖者：戴永年

奖励等级：二等

国家科学技术进步奖评审委员会

粗铅火法精炼新流程获 1989 年国家科技进步奖二等奖

分离锌和铁研制卧式真空炉

1990 年，戴永年接到中南矿冶学院赵天从教授的来信。这位在中南矿冶学院学习期间的恩师在书信中建议戴永年去一趟武汉，那里有个镀锌车间，镀锌渣已经堆成了山头，困扰了当地很久，如戴永年过去能帮助处理一定是解了当地的燃眉之急。

连同书信一同寄到的还有赵天从教授写给武汉钢铁厂的介绍信。戴永年很快就赶往了武汉，找到了武汉钢铁厂的总工程师，他带着戴永年去看现场。工厂为方便堆放，镀锌渣被压缩成一吨一块堆积得密密麻麻，果真已如山一般高。戴永年用小铁锤小心翼翼地从边缘敲下一些块状的料，准备拿回去进行分析测试。这些锌渣里含铁3%～5%，含锌约90%。实际上，这是在热镀锌时产生的一种锌铁合金，在当时，国内外都没有适宜的方法和设备来对此进行处理，只能大量堆存或低价出售。工厂也曾委托一些单位做过研究，要求产出含铁小于0.003%的锌，但都没有成功。戴永年计划从真空冶金的方向上寻找解决的方案，但听完工厂的详细情况介绍后，戴永年得知早已有人用真空蒸馏法做过相关的努力，可惜没有达到工厂的要求。戴永年当时有几分疑虑，既然已经尝试过真空的方法，自己再接着试一试还能不能成功？

戴永年带着试验原料回校做探索性研究，并进行理论分析。他从研究渣的结构入手，并用自己提出的方法计算得到了锌-铁系的气-液相平衡成分图。他将各个国家的与此相关的气-液相平衡成分图找来进行一一对比，由于当时复印技术及条件的限制，书中的成分图并不完整，他预感自己得到的计算结果能匹配进行完善。

经戴永年再次计算，结果显示，当锌铁合金含铁高达10%～50%时，蒸馏出来的锌蒸气中含铁可降到10^{-10}，即百亿分之几，远低于工厂要求的0.003%，即十万分之三。经过这样的分析，戴永年猜想，若能创造条件保持锌蒸气不被铁污染，或许就能达到目的。这个计算又和真空实验室进行的小型试验结果一致，这就从理论上树立了戴永年继续研究下去的信心。这时，需要解决的第二个问题又接踵而至，该用什么炉子来进行生产。当时，这在国内外都无参考的先例，戴永年决定自己来研究、设计相匹配的炉子。经过深思，他提出设计卧式真空炉来试验，于是课题组就动手设计此炉，委托工厂加工，在学校进行试验。

戴永年 1984 年设计的卧式真空炉

排除了新设备结构上的故障后，试验终于顺利出锌了，而且达到了工厂产锌含铁小于 0.003%的要求。锌的直收率大于 80%，电耗每吨料约 2000 度，设备作业顺利。于是戴永年将设备转交工厂进行试生产，当时一切作业顺利进行，厂方也十分满意。但戴永年刚刚回到学校后，厂里传来消息，开炉出了故障，锌的质量也不合格，炉子的发热体易坏。戴永年又再次赶回工厂再继续做了几炉，结果发现锌的质量的确不合格。

理论基础没有问题，之前的小型实验结果证明方法也是行之有效，究竟是哪一个环节出现了失误？在经过反复推算和检验后，戴永年决定从炉子内部来寻找问题，发现炉内有暴露的铁件。经过处理，再次开炉时，终于得到了令人满意的结果，锌的质量稳定下来而且全部合格。经大钢厂的检验室化验后含铁达到 0.00003%，为要求含量的千分之几。厂里邀请了相关的负责人，召开了产品质量认证会，正式验收这项研究工作，厂里试验炉也顺利转入生产。针对这个项目，戴永年写成的相关文章在加拿大国际大会上发表，该项目还获中国有色金属总公司颁发的科技进步二等奖。

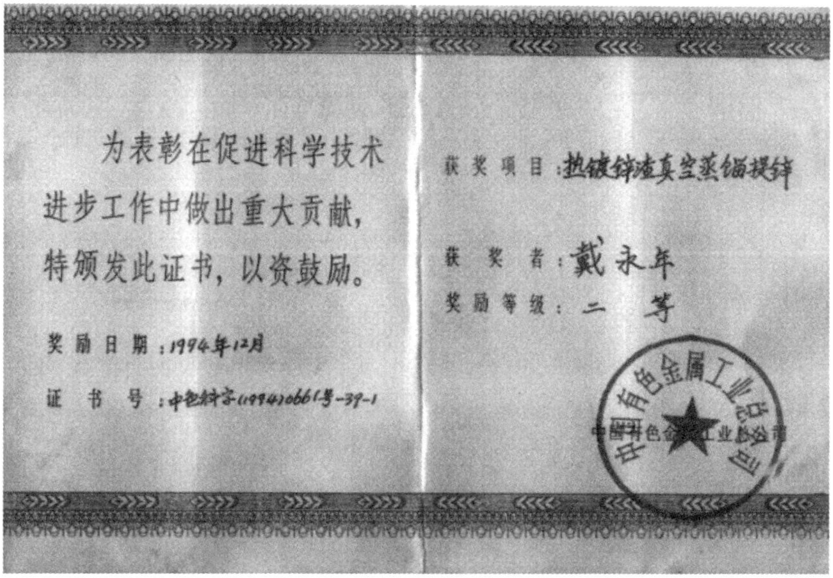
为表彰在促进科学技术进步工作中做出重大贡献，特颁发此证书，以资鼓励。

奖励日期：1994年12月

证书号：中色科字(1994)0661号-39-1

获奖项目：热镀锌渣真空蒸馏提锌

获奖者：戴永年

奖励等级：二等

中国有色金属工业总公司

卧式真空炉获奖证书

韶关冶炼厂

1992 年，广东韶关冶炼厂邀请戴永年到厂里讲授真空冶金技术。该厂有一种火法精炼锌的副产品称为硬锌，也是以锌为主含 5%铁的合金，此料还含有 0.2%锗和同数量级的铟、银。厂方希望在得到锌的同时，能找一个办法将稀有金属锗、铟富集 10 倍，为往后提取这些稀有金属创造条件。

戴永年深入工厂发现，该厂多年来使用传统隔焰炉—电炉流程处理硬锌、提炼锌和锗，存在加工能力小、回收率低和生产不安全等问题，锗的回收率仅为70%左右，冶炼过程中经常发生“放炮”即炉子爆气冲顶等问题。而且，矿石中所含的铟、银等贵金属回收率更低，总体的资源利用不好，严重影响着工厂的实际经济效益。同时，该厂多年加工积压的一万多吨硬锌其中含锗二十余吨（当时价值一亿元以上）无法处理，早已是堆积如山，造成了很大的积压。戴永年在综合了解了工厂现实的状况后，便建议厂方用真空冶炼方法来解决这一生产难题。

戴永年有了之前研究热镀锌渣分离锌和铁的技术经验和成功运行的设备，对硬锌真空处理也就胸有成竹了。

戴永年带着试验原料回到学校，从小型试验开始，采用蒸馏的方法，将铅锌挥发，把锗留在锗渣中富集起来，小型试验从几十克做到几公斤。得知试验比较成功，韶关冶炼厂用集装箱把50吨硬锌发到昆明理工大学，戴永年带领团队在之前设计的卧式真空炉上做了一些针对性的改造，以适应物料的不同要求，克服重重困难，实验获得了成功。当时，昆明理工大学的杨斌[1]也参与了整个试验过程，他在采访中回忆了当时试验的艰辛和不易：

“那过程也是很艰苦，大约是在1995年左右，我们第一次投料，大约是500公斤炉子的量。开了第一炉，无功而返，啥都没有。大家听闻结果议论纷纷，有人说：‘哎呀，项目不成功了。你看，做了一次，啥都没有。’结果和舆论都给我们很大的压力。”

科学研究的道路就是在试错的过程中寻找真理，从来没有谁能一帆风顺。但在这个时期，高校里的科研氛围并非如今天这样浓郁，每一次的得失都考验着科研工作者的勇气与信心。戴永年这次试验失败的消息不胫而走，校园里也有人开始议论纷纷。就连远在几千公里之外的韶关冶炼厂都很快知晓了试验的结果，厂方迅速给戴永年打来电话，焦急地询问：“你们这次没弄成功，是不是这个项目没

[1] 杨斌，昆明理工大学教授，现任真空冶金国家工程实验室副主任，昆明理工大学副校长。

希望了？”

在议论与压力下的戴永年来不及一一向外界解释，他带着试验小组的成员关起门来总结，寻找问题到底出在哪里。是技术问题？是装备不合格？还是操作不严谨？他反复推敲，与参与试验的人员一一讨论，以尽快找到解决问题的核心。一旦有所发现，就开始新的尝试，经过数十次的反复试验及修正后，终于分离了锌、铅，得到了锗渣。

500公斤的试验成功之后，接下来就是要设计扩大5倍的大炉在工厂做产业化试验。据杨斌回忆，这个过程又花了大概三年的时间。整个研究团队的人员在韶关冶炼厂工作，集中全力进行技术攻关，甚至有的老师连春节都是在韶关度过的。这几年里，主要的阻力，还是来自对炉型的针对性设计和不断地改善。

在广东韶关冶炼厂的卧式真空炉

当时，戴永年的团队已经设计好了扩大试验的炉型，但是厂方提出要自己亲自来负责炉子的加工，加工完炉子再请戴永年回厂内指导验收。戴永年到厂里一看，厂方加工的炉子根本没办法进行工业试验，于是就提出了相关的修改意见。炉子一旦成形，再修改起来就会比较麻烦。因此，这个工业试验炉在厂里制作周期拉得很长，时间一久，相关试验又不能投试，项目几乎被中止。

韶关冶炼厂对这个课题的预期一直也是要实现产业化，但整个项目的难度比较大，当时也无法立即辨别是真空冶金来进行处理更好，还是采用其他方法更佳。为了能确保这个项目成功，厂方就同时安排了几条技术路线同时攻关，就看哪条技术路线能够真正实现产业化。

真空的方法到底能不能在韶关冶炼厂实现的探索眼看就要在炉子设计这个环节耽搁下来。

这时，工厂分管生产的一位副厂长吴坤霖，也是此项目起始制定人，他全力排除了工业实验炉制作过程中的一波三折，排除了相关障碍，终于使炉子得以建成。也是在这个时候，厂方告诉戴永年最后将选择用真空冶金的方法来处理硬锌，至于湿法研究进行到什么程度，也没人再提及。

试验终于得以完成，结果令厂里非常满意，试验结果可达到稀有金属富集 10 倍，电耗降到每吨料 1500 度，发热体寿命延长到近百炉，基建费用较低。

这项新技术、新设备是戴永年应用新的计算法（气–液平衡成分图）的大胆判断创新，是在真空冶金的理论指导下拓宽真空冶金道路的一种创举，它简直成了阿里巴巴喊的“芝麻开门”。这一喜讯让广东韶关冶炼厂的上级领导十分高兴，马上决定投资建造 5 台大型卧式真空炉。

1997 年 7 月 1 日，在香港回归这个具有历史意义的日子里，韶关冶炼厂的 2 台真空炉正式开炉，启动的新设备很快吞下了多年积存的万吨硬锌，吐出的是闪闪发光的“金银珠宝”。同年 10 月 1 日又投产 2 台，年底又有 1 台投产，共计 5 台炉子，成为国内有色冶炼厂中最大的真空冶金车间，每年的经济效益高达 4600 万元，韶关冶炼厂每年新产的 2000 多吨硬锌也得到及时妥善处理。经过 1998 年、1999 年到 2000 年的生产，效益应已过亿元。至今该车间依然顺利、完满地负担着厂里产出硬锌的处理任务。

1998 年，这项成果获中国有色金属工业总公司科技进步奖二等奖，1999 年获广东省科技进步奖一等奖。各工厂使用后，2003 年荣获国家技术发明奖二等奖。

韶关冶炼厂项目的获奖证书

研究合金分离的基本规律

戴永年及真空冶金实验室研制的两个系列的真空炉及冶炼技术进入有色冶金材料工厂之后，不断有人发出疑问：还有哪些物料可以用真空冶金技术处理？甚至同行关心铅铋合金可以利用真空蒸馏实现分离吗？其实，戴永年在实验研究中也碰到类似的问题，如铅锑合金能否在全组成范围内分离？这些问题若能解答，对真空蒸馏的应用很有帮助。

在这些疑问下，戴永年首先进行了热力学推导、蒸气密度计算，他提出用分离系数 β 来作判断标准，即在一定温度下，A-B 二元合

金的纯物质蒸气压 p_A^* 和 p_B^* 的比值，乘上此二元系的组成 A 和 B 的活度系数 γ_A 和 γ_B 的比值就是 β 值，即 $\beta=\gamma_A p_A^*/(\gamma_B p_B^*)$ 若 β 值大于或小于 1，真空蒸馏 A-B 二元合金，都能使气相物质成分与液相不同，就可以用真空蒸馏法使 A 和 B 分开；但若 β 值等于 1，则不能分开，因为气相成分和液相成分相同，蒸馏不能使两组成分分离。

用分离系数 β 值判断，较之于过去只用元素纯物质饱和蒸气压判断更为完全、准确。只要有了活度系数的值，计算出来就能无误，于是上面的几个问题都迎刃而解了。戴永年在此基础上，还进一步发现有个别的活度系数测得不够准确。

例如铅锑合金就是这样，我国广西产脆硫铅锑矿，铅锑共生，选矿分不开，冶炼也难分，都想到能否用真空蒸馏法来使铅锑分开。戴永年先试了高铅锑（含铅小于 10%），可以使锑提纯到合格，后有人问能否由粗的锑铅合金（含铅和锑相近的合金）做真空蒸馏以分开两元素，由国外已测得的活度系数计算，β 都大于 1，应该可以分开，但是经过实验分离得并不好，后经戴永年的学生研究得到与国外数据不同的数值，计算的结果才与实验结果一致，戴永年从而看到国外测得的这个数值，还有进一步研究的必要。

有了 β 值判断，戴永年又进一步推导出计算气-液相平衡成分图，把一种合金的气相和液相平衡共存时的两相的成分计算出来绘制成图，就能清楚地看到蒸馏二元合金时原料和产品成分的关系。若要求产品达到某种纯度则应该用什么条件（温度、原料成分），前面谈到分离铁锌，就使用了这种图，在其指导下戴永年的真空实验小组进一步完成了热镀锌渣和硬锌的处理，也完成了高纯锌的生产。利用气-液相平衡成分图，戴永年又解决了锑-锡、铋-银、铅-银、铅-锡、锗-锌等许多合金的蒸馏分离问题。

根据这些研究内容及成果，戴永年于 1982 年写了《粗金属真空蒸馏时杂质的分离》一文投到昆明理工大学学报，又于 1989 年去美国参加 TMS 年会作了报告。参加完此次会议后，有意大利和伊朗的

戴永年1989年在美国TMS年会上作报告

同行专家来信索要复本。戴永年总结了昆明理工大学真空冶金实验室在真空冶金方面的工作及科研成果，写成了《真空冶金在我国的进展》，于1990年去哈萨克斯坦选矿冶金研究所作报告，所长柯查赫米托夫赞扬他们的研究工作达到国际先进水平。1988年，戴永年受邀赴联邦德国亚琛大学有色冶金和电冶金研究所讲学两周，对该所人员及一些工厂的专家们作了报告，也得到他们的好评，该所所长克吕格说："许多方面的技术都是我们输送给你们，而在这方面有了你们的和我们的交流。"他还曾和戴永年商量了校际合作的可能性。

1990年戴永年在哈萨克斯坦矿冶研究所作报告

1988 年戴永年在德国亚琛大学有色冶金和电冶金研究所作报告

1990 年与苏联真空冶金专家伊莎柯娃教授合影

1990 年与 J. Kruger 教授（右一）在亚琛大学合影

1993 年亚琛大学 J. Kruger 教授（前排右二）来昆工访问

《有色金属材料的真空冶金》

历经21年的磨炼，戴永年发明了内热式多级连续蒸馏真空炉，研制成功锡铅火法精炼新技术，改变了精炼过程，终拓宽了冶金的界限，发展了金属真空气化分离理论。其中戴永年所著的《有色金属材料的真空冶金》被列为国家科学技术学术著作出版基金资助项目；《真空冶金》是我国真空冶金的第一部系统专著，获全国优秀科技图书奖二等奖，书中提出了金属真空精炼及合金真空分离过程的基本理论，基本上形成了有色金属真空冶金的理论体系。以上理论及著作对生产与科研有重要的指导作用，为我国培养有色金属真空冶金人才、为有色金属冶金工业的发展作出了重要贡献。

《真空冶金》

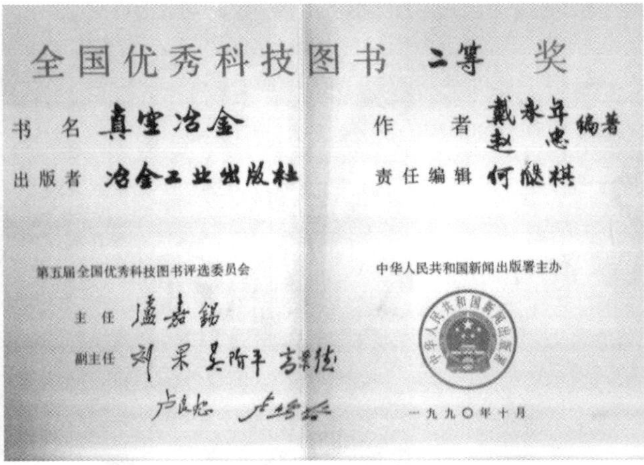
全国优秀科技图书 二等 奖

书 名 真空冶金 作 者 戴永年 赵 忠 编著

出版者 冶金工业出版社 责任编辑 何[illegible]棋

第五届全国优秀科技图书评选委员会

主 任 盧嘉錫

副主任

中华人民共和国新闻出版署主办

一九九〇年十月

1990年《真空冶金》获全国优秀科技图书二等奖的证书

关注新能源研究开发
——锂离子电池和材料

在 20 世纪 50~60 年代，大学教学与研究的内容被专业范围限制得很窄，“有色金属”当时被划分成轻金属（铝、镁、钛）、重金属（铜、铅、锌等）、稀有金属、贵金属等。学习或教学就只能针对其中的一种或几种金属来展开。

经过多年的科学实践，戴永年认为这样的专业分类太过局限，无法完全适应当前生产的实际需求。戴永年凭借多年的教学积累及科研工作经验认为，大学专业范围的设置要尽可能地满足当前社会的实际需要，顺应所属行业当前及未来的发展需要。为此，戴永年带领真空冶金研究所做了一些新的探索和研究，跳出了原有框架的束缚。

早在 1994 年以前，戴永年就开始关注全球环境保护及新能源开发的问题，结合自己专注的冶金行业，他发现，锂在新能源开发上扮演着重要的角色。于是就格外关注国内外关于锂方面的研究进展。

锂是现代科技使用的重要金属，其传统生产方法是熔盐电解无水氯化锂，流程长，效益不够高。从未来新能源发展方向上看，电池将作为一个重要的载体，而锂离子电池在当时的各种性能表现是最好的。近二十多年来，发达国家一直致力于锂离子二次电池的研究开发，但面临诸多关键技术难题。与镍氢电池相比，锂离子二次电池具有高电压和高能量密度等优越性。但是锂离子二次电池正极材料是钴酸锂，钴稳定性差容易分解生产气体放出热量，导致燃烧或爆炸，极大地影响了电动汽车的产业化进程。随着能源的日益紧缺和大气污染的加剧，开发实用、安全、清洁的锂离子电池，寻求相关的节能、环保解决方案——发展新型电动汽车，成为各国迫切的任务。

戴永年首先从真空冶炼的角度去解决传统工艺炼锂存在的问题。锂的沸点仅 1342℃，在真空中易于气化，可以通过研究真空炼锂以简化生产流程，降低成本。从理论上推，这是行得通的。那么在经济效益上，锂的冶炼是否也同样有价值呢？戴永年特别关注了当时金属锂的市场价格。

“当时，我就查了一下金属锂的价钱，发现是最高的。那个时候卖多少，70 万一吨！我查了 3 年，从中国查到美国都是这个价钱。锂是很重要，国家需要锂，搞氢弹的时候是用的锂的同位素。而且锂和锂合金是轻金属、轻合金，而且在这个电池反应堆中也要用到锂，那么我们就研究锂。”❶

经过三年调查、酝酿，戴永年于 1994 年正式启动了真空炼锂的研究。现任昆明理工大学副校长、真空冶金国家工程实验室副主任杨斌当时正在戴永年的指导下攻读博士学位，他也参与了锂的相关研究，并将其作为博士论文的撰写方向。

戴永年关于锂的研究从基础的小实验一点点开始，约经过一年的努力，完成了小型试验，接着就扩大到百克级，并申报了相关专利。此项研究还与云南铜业等企业进行了相关的合作研发，解决研究资金不足的问题，后续试验也卓有成效。

真空炼锂，戴永年算是在行业里开了个头，突破了以金属类别为界的研究范围，在云南生产锂，这也算是头一家。

1999 年前后，日本在锂电池产业化方面的研究已经很有成效，而国内对此的涉猎还并不多。随着国际上对锂离子电池及相关材料的深入研究以及锂金属生产公司相继出现后，戴永年也开始考虑向锂系列产品继续发展，相关研究于 2000 年开始进行。

❶ 戴永年访谈，昆明，存于采集工程数据库。

这时，锂离子电池的产品在市面上已日益广泛，手机、照相机、摄像机、计算器……里面都装了锂离子电池，但价格昂贵，一块手机电池含锂也才几克重，市场价格却能达五六百元。戴永年一直关注着世界能源和环境这两个人类未来将要面对的大问题，并对此深感忧虑。这两个问题要怎么解决？除了普通的节能减耗，他就想在新能源方面会是大有作为，新能源电池和它关键的材料，随着国家与社会的发展会有好的发展前景。戴永年于是加入到了锂离子电池研发的行列中，为高能电池的发展作点贡献。

当时，全国研究锂离子电池的没有几家，即便如清华大学、中南大学、东北大学这些率先关注的高校，一切的探索也是刚刚开始，没什么基础。对戴永年和真空冶金所而言，关注锂离子电池及材料的开发，在外界看来甚至是有些不务正业。无论外界传来什么样的非议，在科学研究的道路上戴永年总是用实践来证明结果，鲜有直面的回应。

2000 年，戴永年带着研究生姚耀春[1]一起研究锂离子电池及材料。当时，姚耀春刚刚考上研究生，他是戴永年当年招收的唯一一个研究生。国内的相关研究刚刚起步，姚耀春对这个研究方向在此之前了解得也非常有限。不懂就先学，戴永年安排学生姚耀春先去调研国内锂离子电池及材料的研究进展。

这年的冬天，姚耀春踏上火车，一走就是一个月。他走访了国内几所正在研究锂离子电池的高校，发现相关材料都做得并不理想，跟国外的差距很大，而且如果一旦要涉及相关研究，总计要投资五六十万之多的设备，这在当时是一笔非常高的投入。姚耀春惴惴不安地将调研结果细细地说予导师。

“我记得特别清楚，那时候我早上找戴老师汇报，总共设备加起来要五六十万，当时 2000 年，五六十万还是一笔相当大的开支，毕竟光买设备，一下拿这么多。刚开始一下就要投这么多钱，戴老师

[1] 姚耀春，戴永年的博士研究生，现为昆明理工大学教授，锂离子电池专家。

就说他再考虑一下，然后九点多我就去上课了，等到两节课上完后，戴老师就给我打电话，说你过来一下。我过去后他就说，这肯定是今后的一个发展方向，全世界肯定要向新能源汽车和动力方面发展，它的核心载体就是电池，既然这种电池是最好的，我们就要搞这种研究，为人类的能源和环保作贡献。”❶

新的研究领域、巨额的科研设备开支、毫无经验的团队，对当时的昆明理工大学来说，对锂离子电池及材料的研究完全是一穷二白。这让24岁的姚耀春心里完全没有底，一度感受到巨大的压力。昆明理工大学毕业的他本科学的是有色冶金，研究生报的专业同样是有色冶金，如今导师要求他来做锂电池，知识欠缺不说，3年后要是什么也做不出，再影响了毕业该如何是好？

戴永年当然也看出了这个年轻学生的顾虑，他找到姚耀春，做通了他的思想工作。

“戴老师找我，我压力挺大的，我就说我对这方面知识是很欠缺的，我搞这个我怕自己到时候搞不出来不能毕业。戴老师首先从思想上很支持，他说作为一个年轻人，你要明白今后你想干哪方面，因为研究生和本科生不一样，将来哪方面对国家的需求是比较紧迫的，他发展方向就是好的，从这方面先考虑，然后再从知识方面考虑，你年轻人时间精力都有，你不懂可以学，戴老师说他自己都在学呢，除了真空冶金，他还在学许多，像化学电源、电池方面他都学了一年多了。”❷

姚耀春被导师的真诚与勤学所感动，是啊，老师都还在不断学习，正值壮年的自己有什么理由退缩？科研经费的缺口，戴永年很快就补充上了。1999年，戴永年被评为中国工程院院士，省委奖励了200万元院士基金，他把这笔奖金用在了锂离子电池及材料研发的项目上，购置了必备的设备。没有实验室，就自己建。将学校里破

❶ 姚耀春访谈，昆明，存于采集工程数据库。

❷ 姚耀春访谈，昆明，存于采集工程数据库。

旧的仓库拆了，建成锂电池实验室及模拟生产线。

戴永年对这个研究项目的最终定位是要能研发出支持新能源汽车和动力方面的锂离子电池。当实验室和研究设备就位后，戴永年将目标首先放在了动力方面的材料——锰酸锂上。锰酸锂电池具有镍氢和钴酸锂电池无法比拟的良好热稳定性，被公认为是电动汽车最实用的电极材料。他认为先把锰酸锂做成功后，就尝试往后延伸，将整个产业链全做起来，自然而然就可过渡到做电池上来。

在接下来的三四年里，整个研究朝既定的方向努力，做出了很好的效果，云南省政府闻讯深入了解实际情况后，拨付了200万元科研经费给予支持，建起了专用实验室，配备了一整套锂离子电池的研制设备，做出了手机电池，也研究了锰酸锂及其各种改良品，向代替或减少自然资源稀少的钴酸锂用量方向努力。

经过多年的努力，锂离子电池及材料的研究终于走向了科研成果转化，并在企业间实现了经济效益。姚耀春在戴永年的指导下也在这个行业浸淫多年，从对他的采访中可以窥见，相比16年前那个左右摇摆的自己，如今他对这个行业的未来已是信心十足。

“2011年的时候，云南高新区有一家企业来找我们，他们想做新能源汽车的动力电池，所以我们就和他们合作，开始先在湖南衡阳建了一个动力电池示范线，主要是做大的、碟片工艺的、软包的，后来做成之后，这家企业又把技术转让给山西新型智能有限公司，转给这个公司后，我们总共投了一个亿，建了一个年产十亿安时的动力电池示范生产线。目前我们的产能一天是十万支，效益的话，目前一年有两个来亿，并且明年的话我们计划建一个年产5亿安时的锂离子动力电池和储能电池的示范线，然后建成之后为国家目前大力推行的新能源汽车和智能电网建设中所用的储能电池做一个供应。除了这个锂离子电池以外，山西新型智能集团，他们有矿产资源，要用大量的工程机械，每辆车要耗60吨柴油，一年排放200吨二氧化碳，然后我们动力电池生产出来，他就觉得动力电池非常好，他觉得我们自己改造重型工程机械，装载机、挖掘机全改造纯电动的，目前我们已经实施成功了，一台挖掘机充一次电可以干8~10个小时，一年可以省40万的油钱，节省二氧化碳排放两百吨，这样的话对国家目前推行的新能源化是非常有利的，然后目前的话在这一块我们的科研项目取得了22项国家专利，包括发明专利和实用新型，还有外观设计，并且里面有两项是国际专利，所以目前取得的成绩，不能说很好，但是在逐步发展，是朝着好的势头发展。目前我们想在国家大力推动的新能源汽车方面，然后接着这股东风，把我们所锂离子电池和新型材料产业化这方面做得更好一点，推动得更快。”[1]

在早期，戴永年带领团队在这个研究方向上攻坚克难的时候，自然也遇到了一些争议。主攻冶金的来搞电池，是不是有点不务正业？投入这么大的资金，最后能不能搞成功？

戴永年并不怕别人嘲笑他搞冶金的跨了一步去搞锂电池。因为他一直坚信，研究不能固守陈苛，要不断考虑新问题、研究新方法；他也坚信锂离子电池及材料的研究是能为国家的新能源电池、新能源材料、环保作贡献的。戴永年当时的深谋远虑的确也切合了当前国家的能源战略。他的关注点也从锡研究拓展到更多的稀有金属上来。

关注新能源研究开发
——冶金法制备太阳能级多晶硅

2002年，昆明理工大学的马文会[2]赴日本东京大学读博后，主要从事硅方面的研究，研究课题是从废光纤里面直接制备高纯的太阳

[1] 姚耀春访谈，昆明，存于采集工程数据库。

[2] 马文会，昆明理工大学教授，长江学者，现为昆明理工大学副校长。

能电池用的硅材料的前端性技术研究。马文会学成归来后到昆明理工大学任教，并担任戴永年的科研及教学秘书。他将自己在日本学习硅方面的见闻与戴永年详细地介绍。

结合云南的实际，硅又走入了戴永年的视野。云南是我国硅产业大省，年产量约占全国产量的六分之一。这里拥有最丰富的硅矿资源以及开发必备的水电资源，可谓天时地利。但是当时云南的硅矿资源并没有成规模开采，相关硅产业还停留在粗加工起跑线上。从开发利用的情况来看，在全国范围内，云南不算先进，大多数企业都只是将二氧化硅炼成工业硅，对于硅产品而言，这只算得上是初步的开发。不仅云南如此，作为世界工业硅生产大国和出口大国的中国，在全球硅市场中也没有相应的“话语权”，工业硅生产和出口的效益一直欠佳。参差不齐的产品质量，让中国的硅在国际竞争中无力角逐，不得不以低廉的价格夺取市场。

而现实对于硅的需求量则是越来越大。就拿现在高速发展的信息产业、新能源产业，电脑、太阳能电池板等使用的芯片基本上都是由硅片制成，硅片用单晶硅制成，单晶硅用多晶硅来制作，多晶硅又由工业硅提纯制成。由于生产多晶硅技术复杂、难度大，当时世界上有三个国家即美国、德国、日本生产，我国生产很少。世界能源供应紧张，都在发展太阳能电池，以图部分代替石油能源，多晶硅是现在做太阳能电池的好材料，就显得更为紧缺。

我国工业硅年产量相当于全球总需求量的一半，对世界硅业和相关产业链的发展有着举足轻重的影响，其中又以云南硅资源最为丰富，云南硅矿资源主要分布在怒江、保山、德宏等地。与其他地方相比，怒江中下游干流落差集中，水量大，是我国重要的水电基地之一。硅矿质量好且拥有丰富的水电资源，在怒江开发硅产业可获得低成本、高品质的产品。戴永年看准了硅在未来的价值，决定组织一个团队来开展这方面的研究，考虑用真空冶金综合方法来研究提纯工业硅，以达到生产太阳能级的多晶硅。

2004年，研究团队以真空冶金为主，结合其他的一些冶金技术，以尝试开发新的冶金方法来做太阳能电池硅材料。当时团队整体面临科研经费短缺的局面，戴永年在2003年获得云南省科学技术突出贡献奖，获得300万元奖金，他从这个费用里面拿出资金来支持、购置了相关的设备，关于多晶硅的研究项目开始启动了。

研究虽然是启动了，但一切也是从零开始。戴永年并不回避这个事实，他动员整个研究团队，先从做学徒开始，然后了解怎么做，再逐渐深入研究。马文会在采访中回忆了项目启动初期的情况：

“做的过程中也碰到了一些困难，我们也解决，特别是硅，它熔点比较高，在真空下怎么进行加热，在真空下也采取了一些办法，克服了一些困难，后面慢慢做的过程中，通过戴院士的争取，（云南）省科技厅也很重视，专门给了一个科技强省计划，来支持这个项目的研究，所以说在后边开发了单炉十公斤新技术的样机，也开发成功了。”❶

实验进展得还算顺利，也有企业表现出了对多晶硅的兴趣。2004年，戴永年因病入院，当时关注铜矿开发的云南宏盛锦盟企业集团有限公司总经理周继红到医院看望戴永年时，谈起公司正谋划转型，有进入硅行业尝试的打算。

2005年，戴永年带领团队亲自到云南宏盛锦盟企业集团有限公司的所在地怒江州泸水县实地考察。这次去，主要是要看看当地的水电情况能否支持多晶硅这样高耗能的产业。戴永年去后，对在这里研发多晶硅非常有信心。而那时，当地政府还有老百姓认为在怒江开展硅产业简直就是天方夜谭。戴永年耐心地给他们反复普及相关知识及多晶硅未来的前景，并明确地给当地政府指出要合理开发怒江资源，走硅、电结合的规模化产业路线，有助于当地经济、社会的发展，推动云南省硅产业的发展；有好的资源就要充分利用，

❶ 马文会访谈，昆明，存于采集工程数据库。

我省的硅产业仍处在产业链最低端，这跟技术短缺和投资力度不够有直接的关系。当地政府经过多方学习，也看清了多晶硅未来的战略意义，泸水县委托戴永年带领团队在当地做一个年产十万吨的园区规划。

2009 年戴永年（左六）考察怒江宏盛锦盟硅业有限公司

与企业的合作一拍即合，也有了当地政府的支持，在云南出产多晶硅，只在时日。这也是戴永年在科研路上一直的指导思想，科研工作不止步于教室和实验室，也要直接服务于企业的实际生产。在怒江与云南宏盛锦盟企业集团有限公司的合作项目 2006 年开始启动了，年迈的戴永年不顾山高水远，多次到怒江现场关心项目的进展情况。2008 年，昆明理工大学、真空国家工程实验室与云南宏盛锦盟企业集团有限公司共同成立了“云南硅材料技术研究院”，采取“产、学、研”结合的模式，在真空冶金法多晶硅项目中取得了突破性进展。从 2008 年至今，该公司的硅产业从一期工程投资 7000 多万元的三台 8000 千伏安的炉子，扩建到二期两台 12500 千伏安的炉子，再到三期两台 25500 千伏安的炉子，整体投产运营建设已逐步进入良性循环。

这个过程的背后，戴永年带领整个团队与企业一起经历了一次次技术难题的闯关，也有抵御全球金融危机的惊心动魄，抗击行业发展低谷冲击。合作项目于2006年启动，2008年正式投产，在2008年12月就遭遇了全球金融危机，当时工业硅的价格每吨由15000元一度下降到10000元以内，这对企业的冲击非常大。戴永年带着团队深入工厂调研解决实际问题，以增强企业信心。在企业提出人才和基础支撑方面的困难要远大于资金压力后，戴永年就分派科研团队里的相关老师到怒江一起参与项目建设和调试，同时他带领团队着力改善当时粗放的生产，对硅的走向和杂质的走向进行针对性的生产技术和配方改造，终于使得企业在低迷的市场环境下提升了竞争力，慢慢走出困境。如今，云南宏盛锦盟企业集团有限公司已经成为云南省最大的硅企业，在全国也是排名第六。

所幸在科研团队和企业的相互扶持下，戴永年对于硅产业的研究也一次次渡过难关并有所突破。企业得到了健康持续的发展，科研专业团队也逐步成长起来。昆明理工大学真空冶金及材料研究所的硅研究团队，在戴永年的带领下，从无到有，现在这个专业的团队，坚持从事硅产业的研究，培养并向社会输出了一批硅产业方面的专业技术人才。同时，伴随着整个研究团队的成熟，研发工艺技术引导了整个行业的走向，有更多的企业也来寻求合作。后来昆明理工大学真空冶金及材料研究所的硅科研团队又先后参与了云南冶金集团永昌硅业、新疆、宁夏相关企业的技术研发，并取得了明显的成效；与东京大学一同建立了硅材料研究所，逐步取得国际上的认可。

戴永年总是跟学生们提及教学科研工作要“益于民”，这看似高大而难以企及的三个字，在他每一步向前迈进的过程中，凭借着心中经年不息的家国情怀一点点转化为现实。就如戴永年协助怒江发展硅产业，当地的民众也是真正获益。怒江州在云南算是一个非常贫困的地区，通过十多年来的发展，硅产业成了当地的支柱经济，同时也带动周边群众脱贫致富。一直参与和领导这个项目的马文会可以说是见证了整个过程，他这样描述怒江这十几年来的变化：

“通过十来年的建设，现在几乎每一家都有工人在园区里面上班，在里面上了一两年班后，每家几乎都有了摩托车，在当地来说应该是达到了小康水平，所以开玩笑地说，工厂不开工老百姓不答应，影响了他们的收入。这个项目，这个产业不光支撑了云南省怒江州的发展，而且也有一定的扶贫意义。要解决园区内几千号人的吃饭问题，蔬菜、粮食的供应带动了周围农副业的蓬勃发展。同时我们在硅的生产过程中也尽量用当地的一些农林副产物，比如说我们以前使用稻草、玉米芯等做还原剂，通过收购，把这些废弃的农作物变成农副产品的经济，从某种程度上来说也带动了当地的扶贫工作。所以说这个项目不仅对怒江州的发展，也对云南省的发展起到了重要的支撑作用，对云南省的扶贫，我个人认为通过工艺带动扶贫起到了一个很好的示范作用。

如今在怒江州，整个产业园区，除了核心的企业以外，有8家硅厂，带动整个怒江州的发展，起到了关键的支撑作用，比如说怒江州2014年大概GDP是100个亿，这个工业园区光2014年工艺硅的销量就是20多万吨，它的GDP超过20个亿，占怒江GDP的1/5还多。”❶

2014年怒江州举办了建州60周年庆典，当时戴永年的身体状况不太理想，但是他为了支持怒江州的发展，坚持去到现场参加州庆，并给怒江州政府提交了一份关于发展硅电产业的建议。这份建议书里，满含了他三个月来对怒江深入调研、收集相关行业资料的心血，这封建议书也得到了州政府的高度重视。

如今，戴永年带领的硅产业研究团队又将目光放在新型还原剂

❶ 马文会访谈，昆明，存于采集工程数据库。

用于多晶硅、工业硅产业链的发展延伸方面，以及将水电硅模式推广运用到其他产业等方向上，对于他们来说关于硅未来还有更多的想象空间。

对其他有色金属的研究

戴永年对真空碳还原法炼镁的研究是在传统皮江法炼镁的问题上引出的。我国大量工厂用皮江法炼镁，使我国镁金属的产量达到了全球第一位。随着戴永年深入分析皮江法，他发现有三个方面的问题有待于进一步解决：一是用硅铁作还原剂，硅铁的价格较高，是碳的近 20 倍；二是皮江法用合金罐有消耗且价格高，1 吨镁耗约 2000~4000 元的罐；三是规模受罐的大小所限，罐子直径不能大，否则心烧不透。戴永年从熟悉的真空冶金技术出发，提出了三个改革方向：一是用碳作还原剂，它与硅铁价相差好几十倍；二是设计试制大型真空炉，可以扩大规模，不受罐子大小的限制；三是不用罐子，大幅降低设备消耗费用。国外于 1990 年发表了一个扩大试验的未完全成功的报告，它只是得到粉状镁，试验中存在管道阻塞的问题。戴永年经理论分析认为，碳还原过程可以进行，冷凝条件控制是个难点，要有适当的温度保证绝大部分镁蒸气冷凝成液态，剩余气体再冷却成固体，管道堵塞或是备料的问题和管道布置的问题。

基于这些理论基础，从 1993 年开始，戴永年就指导学生进行相关研究，结果证明炭还原氧化镁是可行的。2002 年，他又继续指导学生进行了第二阶段的试验，如预期所料，试验得到了块状的冷凝镁。

但在实验中得到的数据还是暴露出残余少量镁粉燃烧的问题。实验与理论计算互相印证后，戴永年发现还原产生的高温气体中镁蒸气的冷凝大部分能冷凝成液体最后得到块状金属，当温度降到镁的熔点650℃时，还有少量镁蒸气（约500Pa）未冷凝。气体继续冷却，这部分镁蒸气就冷凝成固态镁粉。这部分镁粉在空气中极易燃烧，甚至引起爆炸。想要进一步地研究应解决这个问题，目前的办法是在还原炉内消除此部分镁粉。戴永年通过改变冷凝条件，实现了冷凝得到金属镁块。这项试验目前所取得的进展在碳热还原炼镁方面处于国际领先水平。

打开真空冶金这扇大门后，戴永年对有色金属愈发着迷，他不断地进行尝试，为不同的金属冶炼寻找专属方案。

氧化铝碳还原卤化歧化法炼铝是戴永年研究的另一项新炼铝技术。长期以来，铝已形成定型的生产方法，一般分两段，第一段由铝矿制成较纯的氧化铝，第二段在熔融冰晶石中电解氧化铝生产金属铝。用这个方法世界年产铝两千多万吨，这个方法成本很高，耗电量大（电解一吨铝用电约1.3万度），有的国家已有铝厂亏本倒闭。能否用其他方法来代替现有的方法?

世界各国有许多专家都做过相关的研究，至今未成功。在科学研究上“爱钻厚木板的”戴永年关注到了这个世界未解的难题。在他看来，问题总得去研究才能得到解决，当然自己去探索或许仍然找不到答案，至少也可以为后人留下一些思考的方向、积累一些经验。他认为世界上的一切事物就是这样在变化，在发展，永不停息，铝的生产方法也应有所变化。1993年，戴永年和学生们开始探索低价铝化合物的歧化反应，由氧化铝及其矿物炼铝的方法。几位学生在戴永年的指导下分别从由理论和实验方面来研究铝低价硫化物、铝低价氟化物、铝低价氯化物等的歧化反应。研究了其过程的可能性、速度、设备类型等。到2005年末，这项研究已有了较大进步，得到了金属铝和卤化铝。

创建真空冶金及材料研究所

戴永年萌生建立研究室的想法由来已久。最初，在云南锡业公司戴永年看到工厂对铅锡采用电解法分离，一线工厂的工作条件非常恶劣，也只有这个行业里每天劳作的一线工人才能深刻体会。这种传统的生产方法，流程长且复杂，不但副产品多，成本也相当高，尤其是污染重，对车间的腐蚀也很大。由此戴永年深感忧虑，这样的操作方法和生产环境未来一定要有所改变才行。

直到苏联的专家来到昆明理工大学，他给大家讲解真空冶金小实验的尝试，这给了戴永年关于未来的启发，并尝试用小的真空炉做实验，戴永年欣喜地意识到，自己一直在寻找的钥匙似乎马上就要拿到了。

当时，在昆明理工大学的常鹏北教授，专注做电渣冶金，他的事例也给了戴永年很大的启发。他们自己研究设备，尝试用电渣冶金的方式解决生产中的问题，之后就有相关工厂来与他们合作研究项目，利用合作的资金建起了电渣冶金实验室，有了固定的地点和团队来保障电渣冶金研究的深入，这个团队从理论研究开始一直到实现产业化。当时，这件事给了戴永年很大启发，他认为电渣冶金实验室的探索与自己一直以来坚持的科研和教学工作为社会实际生产服务的理念不谋而合，真空冶金实验室未来的工作就应该向他们学习。

当时，刚好戴永年铅锡分离的项目得到了冶金局科技处 1 万元及学校 700 元的科研经费支持，当这个项目后来做得差不多时，冶金局就把它推荐给云南省科委，并成功立项。这个项目后期得到了12万元的科研经费，戴永年得以专心深入此项目的研究开发。有了这笔难得的经费，戴永年及团队在学校里盖起了实验室，建起了车间，这些基础设施至今仍在昆明理工大学校内使用。

研究所成立后，首先是寻找具有创新点的项目，做别人没做过的事；其次就是从实用性出发，从实验开始就一直强调要实现产业化。据昆明理工大学杨斌教授回忆，那时建成这栋红砖小楼实属不易。由于当时条件比较差，汽车将建筑用的沙石拉进来后都找不到工人，戴永年带着学生们戴上手套，穿上工作服，拿着铁锹就出去卸建筑材料。整栋房子的设计、施工，戴永年均投入了难以想象的精力。

伴随着对真空冶金的深入研究，戴永年所带领的团队在有色金属研究方面的课题也逐渐增多，也逐步实现了创新和产业化。1979年，学校同意戴永年组建真空冶金实验室。

在实验室做研究时，戴永年就常常想，做研究不能只满足研究理论上的东西，止步于发发论文，必须做到科研成果产业化，能实际地促进和改善一线生产。如果科学研究只是停留在论文，那停留在纸上的文字拿去给工厂没有一点用处，工人们需要的是能解决实际问题，工厂生产中要用到能进一步提高产能、改善生产环境的设备。

早在戴永年还在研究铅锡分离的时候，通过小型炉子的实验就已基本确定了真空冶金这条路是完全可行的，但受困于实验规模过小，小管式电炉只能做几克、十几克料的实验。对于要进行大规模生产的工厂而言，眼前的这点实验成果如何能行？戴永年虽然已经掌握了最先进的技术以便工人们未来有更优质的生产工艺来处理粗放产品，可他却苦于不能立即帮助工厂投入到实际生产中去，即便自己目前找到的解决方案再好，对于工厂来说，解决实际问题还只是一句空话。所以戴永年一再催促自己，做研究就一定要能实现工业化。相反，在工厂里，工人们眼前的事情就是抓生产出效益，没有谁还能腾出多余的精力来做更深层次的技术研究。因此在那个年代，工厂也鲜有人冒着未知的风险去搞相关工艺改革方面的研究，更何况，探索研究的过程必须不断地进行实验，再不断验证和改进，最终的结果还可能面临失败，任何一家工厂来做这样的事往往要投入大量的人力、物力、财力才能完成这些工作。

如韶关冶炼厂，在真空冶金研究室成立的初期，社会上基本没有什么人接触或者了解过真空冶金，戴永年及同事每到一处，首先就是给大家普及什么是真空冶金，并协助厂方考虑哪些问题可以用真空冶金的方法来做新的尝试。初到韶关冶炼厂的时候，厂方先邀请戴永年为相关技术人员做有关真空冶金的技术、知识性讲座，但一开始，连讲座都开展得不是很顺利，对于新鲜事物，大家总是抱着怀疑的态度。戴永年总是耐心地与大家沟通，自己也深入了解韶关冶炼厂的实际生产状况，然后再针对性提出用真空冶金的方法来处理锌中伴生的锗，还可以分离银和铟。这个课题听上去具有很大的可行性，但是大家都对真空冶金抱怀疑态度，自然就谢绝了戴永年的一番好意。还好当时厂里科协的负责人高瞻远瞩，他和戴永年联系，同意将这个课题纳入计划。科技服务于民，理想宏大，路长且阻，无论怎样的困难都无法改变戴永年的这颗初心。

在这样一次又一次尝试产业化的过程里，戴永年带领的真空冶金研究团队不断壮大。渐渐地，找戴永年咨询技术的研究单位、企业也越来越多了。团队的力量是巨大的，戴永年在真空冶金研究工作中摸爬滚打时，他越发明白这句话的深刻意义。

1979 年，昆明理工大学批准戴永年成立真空冶金研究室。研究室建立之初，整个团队面临很多困难，管理制度、基础设备建设等一系列问题需要解决。其中，最主要的困难还是经费问题，建立自己的实验室需要经费，制作真空炉需要经费，人员需要经费……

在经费问题有了缓解后，戴永年学习兄弟单位的经验，利用课题费建了一幢专用的实验室。由于市面上买不到实验用的真空炉，戴永年所用的真空炉基本上都是自主研制的，再购买一些真空泵、真空计、各种仪表、电气设备及定型设备进行配套使用。这些困难能得到一一的解决，戴永年也感恩整个团队在最困难的时候不离不弃、齐心协作、共克难关。

真空冶金及材料研究所

1982 年左右，因为整体课题费不多，真空冶金实验室只能选择较低的建房标准又建了一幢实验室，和社会上相同性质的单位相比，这幢房子明显较差，但也能满足相关实验的基础需要，这些实验室从建成一直使用到现在，曾在 2004 年做了一些修补。如今这栋小楼依然立在真空所里，这幢在校园里毫不起眼的二层小楼，外墙裸露着简陋的红砖，砖缝里长满了苔藓，也见证了真空冶金的历史。

现在，昆明理工大学真空冶金研究所里装了近 20 多台大、中、小型真空炉，全是自主研制成的，小型的用于本科生、研究生的实验，也用作科学研究探索性实验或小型系统实验。中型的可以做公斤级试验，在试验的基础上适当扩大，进一步在百公斤级试验炉上做扩大试验。同时，戴永年及团队研制的两个系列真空炉里有中型和大型的设备都各有一台安装在实验室，满足了研究所对扩大的和半工业的试验工作的要求。

1995年，真空冶金研究所又更名为“真空冶金及材料研究所”。这个所是在全体同事自力更生、共同努力下创立的，创立以来完成了大量的科研工作，为无数工厂提供了生产设备，为大批研究生和本科生提供实验场地。它的另一个特点是研究所内的各种主体设备都是研究所成员带领学生一起设计、研制的，国内外其他地方都没有的。在这些基础设备上，戴永年和同事们都做了大量针对性的改善工作，为其他单位提供了研究用真空炉，为工厂提供了生产用真空炉。

经过戴永年及其团队多年的努力，2004年，在昆明理工大学真空冶金及材料研究所的基础上，云南省政府批准建设“云南省有色金属真空冶金重点实验室”。2005年11月，又获得国家发改委立项，成立“真空冶金国家工程实验室”，这是国家批准的首批建设的三家“国家工程实验室”之一。国家发改委给予1000万元的建设费用，同时云南省配套1000万元建设经费，再加上学校配套的同等金额，

真空冶金国家工程实验室

一共3000万元。有了这些经费支持，研究所相关的研究设备、检测设备、科研用房都大大完善，焕然一新。随着科研条件的改善，研究所里的科研成果广泛地走到了全国四十多个单位，甚至走进了国外的工厂。

戴永年夫妇在真空冶金国家工程实验室门前合影

关注有色金属真空冶金的持续发展

真空冶金是最近半个多世纪才出现的新技术，世界各国对真空冶金的关注也越来越广泛，也涌现出越来越多的成果。在戴永年看来，在云南、在昆明理工大学，真空冶金的研究独树一帜，未来前途更是无可限量。这样的自信源自云南本身就是一个有色金属大省，戴永年所带领的团队在真空冶炼中也专注于有色金属领域，并耕耘了数十年，积累了丰富而宝贵的经验。

戴永年认为，由于真空冶金目前也才算是开始发展的阶段，许多问题还有待研究，它在各种冶金过程中的特点尚未查清，今后如果自己带领的这支团队能在有色金属领域步步深入，逐渐拓宽范围，也一定能扩大真空冶金在生产中的应用范围。

过去还原提取金属是在常压下进行的，戴永年则带领团队研究了几种有色金属氧化物在真空中的还原，如氧化锌、氧化镁、氧化锂的真空还原、氧化铝的还原卤化歧化，因为还原的温度降低了，得到一些优良的结果，其优点是超过了常压下的作业。也出现了一些特殊的情况，例如产生的金属不易成金属块。但就其总的方面来说有许多过程在产业化后超过了传统方法。

戴永年和同事们现在也在进一步研究真空制备超细粉末，得到了超细锌粉、金属锰粉、氮化硅粉等粉末物质，通过这些工作对真空中的成粉条件有所认识；他们也研究过在真空中镀金属膜层。

粗金属在真空提纯作业中没有氧的干扰，分离效果好，作业副产物少，如高纯锌、锡、硅等。而且成本低，金属或非金属在真空铸锭，如硅就是在真空中铸锭的。

关于矿、粗金属、合金、化合物在真空中处理，戴永年带领团队相关人员也研究过一些物料。他整体感觉真空冶金在有色金属冶炼方面一定是有前途的，值得继续深入研究。

随着探索的深入，真空冶金国家工程实验室里研究的项目越来越多，一些项目很新，前景也很广阔。随着研究范围的拓展和延伸，参与的研究人员也越来越多，培养和储备了一大批真空冶金方面的专业技术人才。

四

心系未来　厚德育人

- 院士是名誉更是责任
- 科学研究服务于社会
- 著书育人　满身载誉

院士是名誉更是责任

1999年12月，从北京传来消息，戴永年被遴选为中国工程院院士。云南省内的各大媒体争相报道这一喜讯，各方祝贺纷至沓来。奋斗了大半生，时年70岁的戴永年看到自己的工作成果得到了国家的认可，也倍感自豪。

昆明理工大学庆贺戴永年当选中国工程院院士

欢喜之余，想到中国工程院也就数百名院士，戴永年更觉这一称号背后实则责任重大。自己已是个七旬的老人，得到了国家对知识分子最高的待遇，还有多少时间来回报祖国的培养、社会的信任以及学校的支持？好好做事，多做有益于人民的事！还是年少时的这个初心，让戴永年继续迈开步子，他决心在有生之年，要为真空研究所的发展、为昆明理工大学的发展，为云南经济社会的发展奋斗不息。

戴永年入选为中国工程院院士至今一晃二十年，这些年里，云南的各大、小矿区留下了戴永年的足迹；无数省内外冶金、能源企业得益于戴永年的指导；不少地方至省政府的相关领导收到过戴永年的发展建议。年近九旬，只要身体允许，他每天依然会到真空冶金研究所指导学生；为昆明理工大学申报“211”、创建“双一流大学”出谋划策、奔走呼吁。

戴永年对真空冶金与有色金属冶炼领域的关注也越来越广阔，以期为云南的经济、社会发展多出些力。戴永年学习有色金属冶金和真空冶金近半个世纪，深切地体会到有色金属材料是人类不可缺少的物质，从生活用品、生产资料、交通运输、船舰、车辆、航空航天、武器装备、高科技产品、信息设备……无一不需要金属材料。但是，有色金属的深加工以及相关企业的产业化远未跟上经济社会发展的需求。这样的现实让戴永年看得更远，现在的有色金属企业虽然一直专注于技术及产品的升级，但是伴随经济的发展及转型，越来越多的危机也潜伏其中。其中之一便是产品太过单一，这也是戴永年近年来关注的重点之一，在他看来云南很多有价值的矿产资源目前还有很多没有真正实现生产，眼下产出的也仅局限在初级产品，经济效益低，能够转入深加工的产品非常有限。

戴永年因硅的研究几次去怒江，发现沿途就有很多裸露的硅矿。他心疼地对学生们说：“一吨矿石能卖 100 多元，加工成工业硅一吨能卖一两万元；再加工成多晶硅就是 20 多万元；切成硅片，一吨就是 60 多万元；如果再做成电池、CPU 一吨就以百万千万元计；通过产业化方向发展深加工，以提升产品附加值是值得投入的。”

目前有色金属对云南经济的贡献已经很大了，但是铜、铅、铝、锡等的加工，仍然以金属锭为主要产品，卖的还是原材料。戴永年在不同的场合多次提出这样的建议：云南在发展有色金属深加工的同时，也要着力发展高新技术产业。

2006年12月，戴永年考察了云南省富民县的钛矿产业，在矿区他语重心长地向当地政府指出：开发利用钛矿资源，绝对不能卖原料，要走深加工提高产值的路子，卖钛矿就几百元一吨，做成海绵钛就不一样了，钛矿资源要“省着点用”，重要的是提高产品技术含量，要创新，要有自己的专利。

戴永年在富民考察钛矿

戴永年一直认为这些类似的问题应当集中力量去解决，生产多元的、科技含量高的产品以适应社会需要。据相关数据显示，当时云南省内的金属资源经过深加工的还不足20%，其余的80%都以金属锭的形式在出售，价值相对较低。有色金属合金及其化合物种类多，数目很大，用于人类社会的生产、生活、军工等各方面的材料实在太多，其价格远远超过初级原料——金属锭。戴永年总是跟学生们说，如果我们的眼光仍停留在初级原材料的生产上，就难以改变经济发展状况。

戴永年关心的第二个问题便是许多金属生产的方法依然依赖于早期的发明，存在着工艺过程长、消耗大、金属回收率低、成本高、经济效益低、污染环境等一系列问题。凭借着在行业里的积累，戴永年也曾多次建议地方政府及相关企业，这些问题是冶金行业未来着重要去解决的问题，也只有解决了，冶金材料工业才会不断地改变面貌。

戴永年主张研究新方法、改造传统冶炼方法的工作要及早开展，且要争取国家和社会在舆论上的支持。戴永年时常忧心忡忡地对学生们说：“这些是我们这个时代就必须做的事，传统冶金技术有许多已经不适应现代社会的要求了，这个问题在国内如此，在国外也同样存在，改造传统冶金技术是国内外都需要为之努力的。”戴永年的忧虑并非空穴来风，国内外这样的案例已摆在了眼前。例如日本的炼铝工业本来技术水平不低，还曾有国家还向他们买了一些炼铝技术和设备，但它毕竟还是传统技术，在1982年左右的几年里，110万吨/年的炼铝工厂均关闭，只留下4万吨生产能力，镁厂也关闭，需用的铝和镁全部进口。

《金属及矿产品深加工》

有色冶金传统技术若不改造，前景堪忧。为此戴永年也曾写过文章发表，并主编了《金属及矿产品深加工》一书，于2007年出版，书中主要探讨了在这个时代，应当开展研究创新技术使有色冶金产业振兴。

与有色金属相处半个多世纪，戴永年心中依旧挂念着这60多种有色金属，这些从少年时代就让他着迷的金属，若能本着深加工、多品种研究的思路发展下去，他相信有色金属会绽放更耀眼的光芒。

科学研究服务于社会

戴永年可谓是一名杰出的科技尖兵，他对“科学技术是第一生产力”有着极深刻的认识和体验，始终坚持实事求是的科学态度，精益求精、不断进取、开拓创新。

为了我国冶金及材料工业的发展，他不断创新理论，把真空冶金应用到更加广泛的有色金属冶金和新材料制备领域，用新技术改造传统生产工艺流程及其设备，极大地提高了行业生产效率和经济效益。以戴永年为首的课题组研究成功的“内热式多级连续蒸馏真空炉”已在工业上应用于锡冶金中焊锡的铅锡分离及粗铅的火法精炼，代替了生产上原有的氯化物电解法，因成效突出而被全国各炼锡厂广泛使用。“卧式真空炉”已在工业上用于从热镀锌渣中回收锌以及从火法炼锌厂所产硬锌中回收锌并富集锗、铟、银，累计已处理硬锌 3.8 万吨，产值约 7 亿元，新增利税 2.76 亿元，利润 1.87 亿元。“锂的真空冶炼新工艺”则改革了锂冶金的传统生产技术。由戴永年发明和研制的真空炉在国内外（中国、美国、英国、巴西、玻利维亚等）37 个厂家使用，形成了独特的有色重金属真空冶金新技术，解决了一系列生产中的难题，经济效益显著。

戴永年一直以来有一个信条，那就是工科的科学研究最终要服务于解决工业发展，无论是产品性能的改善、新产品试制、生产设备的研制、生产工艺的改进，还是生产过程的原理，这些都与生产实践息息相关的点都是科研工作者可以去关注的点。

在戴永年看来，科学研究的成果有若干阶段的评价，拿投产前的各个阶段来看，小型试验、扩大试验、工业试验、试生产、生产发展等阶段都会有报告、论文可发表的点；在对成果做鉴定后，有鉴定证书，评定其水平；再进一步，各种科研组织，如发明协会、专业协会、社会团体对优秀的科研成果会给予一定的奖励。然而，如果科研成果达不到产业化，做不出产品，最后产品未投放到市场上，那么整个科研过程对生产尚无直接帮助，或者说它尚未对社会起作用，就不能评定其可实现性及其价值。

因此，戴永年总会反复对自己的科研团队及学生们表明，产业化是对工科科研成果的最终检验，进而可据此对该项成果的贡献程度做出评价，若未做到产业化，则无论其论文有多少，发表在什么刊物上，做过什么鉴定，都是中间过程，不能做最终检验和评价。

科研成果在产业化过程中，一定会出现研究不充分的地方，研究方法、条件和预先考虑不周到的地方，这些问题都需要在不断的实践中一一去解决，生产才能进行，产品才能出厂。戴永年认为在这个过程中一定要实事求是，来不得半点虚假。

戴永年总结自己在大学工作六十余年，在教学和科学研究方面，大体上经历了两个阶段。第一阶段，是在20世纪50年代，无论是自己还是社会上的工厂、企业相互来往并不多，高校教师带学生去工厂主要是实习，与工人同劳动，但对工厂很少有实质性的帮助。学生在工厂实习，的确对工厂的运行生产过程有了一定的认知，在实地观察、学习中，学生也能印证教科书上的理论。教师做科研，普遍也是使用学生的实验室及设备，一个课题的科研经费仅几千元，做完后写个报告就保管起来了，最后能发表的也不多。这种小型试验的成果，因其试验规模太小，往往只有几克，工厂也不能拿去参考生产。

针对这个阶段，戴永年认为科研报告放在档案室里的意义是远远不够的，工程科研者的研究成果应当用于工厂的实际生产，否则辛辛苦苦、费尽心力做出来的成果却无大用。戴永年就常常用自己的经历来给学生们示例，在自己研究真空蒸馏分离铅锡合金时，小型实验完成得很好，但工厂无法用实验室的设备生产，这样的成果就不能发挥作用。于是，戴永年就继续研究工厂可以使用的工业型真空炉，虽然在这个过程中面临着科研经费、研究人员等问题和困难，但这也在一步步做研究，一步步解决问题当中形成了学校、社会、工厂和科研单位不断来往、交流信息、互通有无的良性循环，并提高了社会和经济效益。

同时，相关的科研成果如果一旦实施到工厂一线，不但可以帮助工厂提高生产效益，还有助于改善传统冶金行业生产操作环境恶劣的情况，戴永年认为这在无形中也是对一线工人非常大的支持。有这样的考虑，源自戴永年一次在工厂里亲眼目睹的因冶金环境恶劣而导致员工伤亡的悲惨经历。戴永年这样回忆当时的场景：

“一次到炼锡厂，他们说工厂里锡锑分不开，那这就是问题了，哪里来的锡锑合金呢？锡里面有少量的锑，大概1%左右，用什么方法把它除掉？工厂就用加铝的方法，用金属铝，加到锡里面去，铝就跟锑形成一种化合物。这个化合物熔点比较高，就浮起来，就得把这个渣子捞掉，锑也就拿掉了。在这个过程中，锡中的砷会和加入的铝形成铝砷合金，一同入渣。那这个渣就是铝锑合金和铝砷合金。这个铝砷合金不能见水，见水以后，就会生成砷化氢，砷化氢是一种剧毒的气体。我亲自看过，云锡公司，他们干部很讲究下去劳动，假期他们就去劳动，那天下小雨，他们要搬铝渣，从这个车间搬到另一个车间，搬运的过程当中，那小雨恰好淋着，就产生砷化氢，一下中毒十几个。”[1]

亲眼目睹惨剧的发生，让戴永年深感自己责任重大，如果生产

[1] 戴永年访谈，昆明，存于采集工程数据库。

环节能够逐一完善，这样的悲剧是不是就不会再发生？从此，每到一家工厂，戴永年总是喜欢抽点时间与一线工人聊天，他们是每一个生产流程中最直接的参与者，整个流程中哪里有什么梗阻或是难点他们是最清楚的。一旦戴永年在其中寻找到疑点，他往往不会随便就放过，一定是深入进去看能不能寻找到更优的方案。此外，戴永年每到一处也总要找厂长深入了解工厂的整体运营情况，重点关注生产存在什么问题，这成了戴永年每到一家工厂就习惯去做的事情。多年来，通过戴永年在工厂一访二问，帮助工厂解决了许多生产环节中存在的实际问题。这些也是戴永年做科学研究第二个阶段：寻找与改变。

对比戴永年做科学研究的两个阶段，不难看出第二个阶段的工作中学校科研工作为社会发展贡献更高，同时相关领导部门和工厂也能支持学校的发展，也使学校为社会服务的能力提高，学校的综合实力得到了发展，无论是在实际教学、学术研究还是技术水平上均得到了提升，出了论文、著作，开出新课，培养了学生，凝聚了高水平的人才，戴永年用自己这些年的亲身经历向学生们表明学校要为社会发展服务，把创新知识和培养人才融合其中，学校就会欣欣向荣地不断发展，成为促进社会发展的一种力量。

中华民族是一个勤奋、智慧的民族，曾有过辉煌的历史和众多重大的古代科学技术成就。戴永年认为，自己作为一名教师，就有责任言传身教启迪年轻一代爱国家、爱科学，在有限的人生中有所建树。虽然受时代局限，在过去，有人认为高校老师只应该专注搞教学，偏重科研是不务正业，但戴永年的眼界与认知远远超出时代的局限，工科是应用学科，学生学习的目的也是应用现代科学服务社会，培养大批学科精英在实践中应用、创新、发展，如此利国、利民、利己，何乐而不为？

纵观戴永年近六十年来的科研成就，也佐证了高校、科研机构、社会与个人之间的良性互动。

著书育人 满身载誉

教学能出人才，科研也是培养人才的方式之一。在大学 60 余载，戴永年认为无论是学校一流学科的建设还是国家的发展都需要大量的专业人才，引进人才固然事半功倍，但是大量人才的培育还是需要放手让年轻人去锻炼、成长。戴永年率先在国内开设了“真空冶金”的相关课程及实验，培育了大批专业人才及技术骨干。

众多受教于戴永年的学生，感念恩师严于执教，亲授技艺，也立德树人。现任大理大学党委副书记、校长的王华，于 1993 年攻读戴永年的博士学位。此时，戴永年已是六十多岁，据王华回忆，每一次课程戴永年都是准时开课，而且要求十分严格，不但注重理论知识的积累，还尤其强调理论与实践相互印证，要求每一个实验都要亲自动手做。每次实验完成，戴永年都会仔细倾听实验的细节，并耐心、细致地给予针对性的指导。久而久之，王华遇到困难总会想到请教老师。王华这样回忆与戴永年的师生情谊：

> 他耐心地，不光是教我们做人，教我们做学问，还教我们怎么当父亲。他把他自己、他家的三个小孩培养成人的这些经历都讲给我们听，鼓励我们，那么这方面也给我们很多指导。

在戴永年的众多学生中，昆明理工大学杨斌教授算是与戴永年相处时间最久的学生之一，也是最早追随戴永年做真空冶金研究的学生。在他看来，戴永年对他影响最大的是科学家的务实精神。在真空冶金研究刚刚起步之初，前无古人，面临的困难还远不止这些。杨斌这样回忆戴永年一步步设计出超过国际水平的真空设备的过程：

当时，没有房子，没有实验室，没有设备，戴老师自筹资金，我们自己设计，我们自己找厂家制作，我们自己动手组装。戴老师的这种务实精神带动了我们，让我们终身受用。

1983年，戴永年开始招收硕士研究生，并于1990年经国务院学位委员会批准为博士研究生导师，先后培养了博士研究生38人、硕士研究生75名以及大量的本科生。他们中的许多人已经成为国内外的真空冶金专家、教授、技术骨干、学科带头人和企业的高级管理人才。戴永年培养的研究生分别与美国、加拿大、澳大利亚、日本、挪威、德国等国家开展过项目合作，人们亲切地称他为“戴真空”。

戴永年曾提出真空蒸馏金属物料分离元素的判据、气-液相平衡成分图、合金中各元素挥发量间的关系等金属在真空中气化分离的理论，在生产和科学研究中起到了广泛的指导作用。以戴永年负责编著的1988年出版的《真空冶金》为我国真空冶金的第一部系统专著，获1990年中华人民共和国新闻出版总署评选的国家优秀科技图书二等奖。主编高校教材《有色金属真空冶金》29万字；由戴永年负责合著35万字的《锡冶金》为我国第一部锡系统专著，被列入国家优秀科技书目。1999年出版的《有色金属材料真空冶金》总结了戴永年近半个世纪研究和教学的成绩，这些著作在生产和教学中为培养我国有色金属真空冶金的人才作出了重要贡献。同时，戴永年发表论文百余篇，国际上发表10余篇，其中被SCI、EI、ISTP等收录70余篇。

以戴永年院士为首的课题组研究成功的“内热式多级连续蒸馏真空炉”和“卧式真空炉”及“锂的真空冶炼新工艺”已在工业上广泛应用。他主持创建的我国第一个真空冶金及材料研究所，创造性地自行研究、设计，制造大、中、小型真空炉20余套，用以装备自己的实验室，出色地完成了教学科研和教学实验。数十年来，戴永年及同事们研究过工厂中大量有色冶金材料方面存在的问题，涉及新流程、新设备、新工艺、新材料等方面，取得了许多重要成果。

目前正致力于锌、镁、铝、锂、硅、钛等金属化合物的真空还原提取，锂电池及材料、硅材料等的研究，以及在真空中制备超细粉末等新材料的研究。

与此同时，以真空所研制的“粗铅火法精炼新流程”于1989年获国家科技进步奖二等奖。2003年“硬锌真空蒸馏提锌和富集锗铟银”获国家技术发明奖二等奖，还获得省部级奖共14项。中国真空学会1995年授予戴永年科技成就奖，其发明的“锂的真空冶炼法”等获批国家专利共9项。1989年戴永年被评为省劳动模范、省有突出贡献的优秀科技人员。获1990年的全国高校先进科技工作者之后，荣获全国“五一”奖章。1981年戴永年出任昆明理工大学冶金系主任，中国有色金属学会重冶学委会副主任，中国真空学会真空冶金学委会副主任。1991年起享受政府特殊津贴，1999年被评选为中国工程院院士。2003年，又荣获云南省科学技术突出贡献奖，2009年获得云南教育功勋奖，2011年获得云岭先锋奖章。

这些论文、著作及奖项的背后，是戴永年经年累月的付出并推动了我国有色金属真空冶金的建立和发展，并储备了大批专业的后备人才。人才的培养是戴永年在科研工作之外非常重视的另一项工

戴永年在为研究生授课

作，他一直非常关注当代大学生的培养和教育问题，曾专门撰写论文关注大学生心理健康，在 80 多岁的高龄时依然坚持给研究生上课。他告诫学生们，无论是做人还是未来从事科学研究都应该坚持真、正、实。以下摘录一段戴永年在开学典礼上对大学生们说的一段话，尤能表达他对当代大学生的希望，也可窥见戴永年此生一直都在为“益于民”的志向而努力着：

“大学，首先是需要培养学生正直、正派的品德和一种比较开放的思想。同时，在对大学生各个方面的培养中，对品德的培养非常重要，这包括待人接物、学习态度等，对老师、同学、父母和对国家的爱。我常常对同学说，要‘立于德、成于学、展于创、益于民’，就是人品德高尚，才能成长得好，才谈得上成为科学家、政治家、企业家……一个人好好学习，掌握人类的宝贵经验、知识就能成为好人才；到工作的阶段就要有创造性，工作才能越做越好，有大发展；但人归根到底是为人民的利益而奋斗，为人民的幸福而工作。在多种场合我都讲这 12 个字，最近我感到‘立于德’还要加强，要真、正、实。我为什么这么提呢，觉得社会上假的东西有，为什么会这样呢，我觉得必须从小学培养，比如学生考试，考试不能作弊，不是你真正懂得的东西你就不要写上去，到了大学阶段，撰写论文，不是你自己研究的东西就不写上去，不要存在抄袭的问题，这就是真，做科研，明明没有做出这个效果，你说这个效果，这就不是真，真的问题很重要，不论大事小事，要

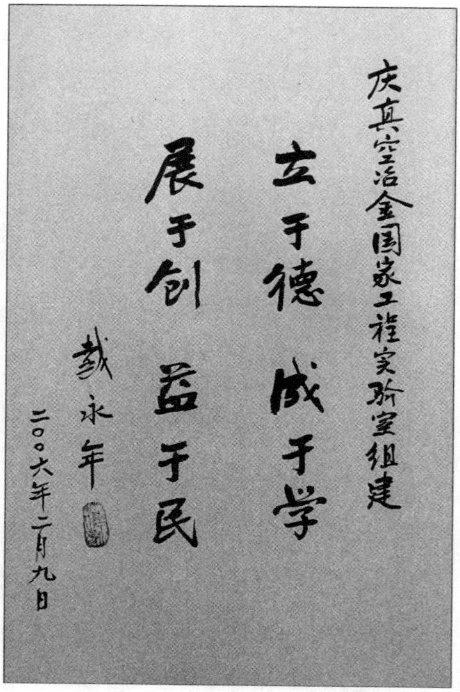

真空冶金国家工程实验室团队文化

从小养成真的习惯。

第二个是要正，正就是不歪，要做正确的事情，如果你做的事情都是符合党纪国法，符合群众的习惯，在社会上做的事情都是符合广大人民的利益，那就不会做歪三邪四的事情，不会做违法乱纪的事情，如果从小就培养正，做一个正派的人，有正气的人，那就不会走歪路。

第三是要实，做人也好，做事也好，一步一个脚印，别来虚的，那效果就好，做一件事就是一个结果，踏踏实实的，习主席说：‘实干兴邦，空谈误国’。所以我们要真、正、实。另外在学习中，应该学习实践论和矛盾论，只有实践才能出真知；最后就是要多做好事，做对人民有益的事。”❶

有人认为选择科学就能获取崇高的声望和荣誉，殊不知在众多的科研工作者中获得声望与荣誉的机会并不如想象那般容易。在荣誉的背后，多少科学家不求名利、忍辱负重、殚精竭虑、默默奉献。这需要一种精神和信念，为科学勇于献身的精神，从选择专业那天起就要耐得住寂寞，坚守漫长的课堂、课外的学习，有趣也枯燥的重复实验之旅，也会因外界环境不稳定而干扰到坚持与创新。纵观戴永年此生，这一切他几乎都一一经历了，是“衣带渐宽终不悔”的信念让他一路走来。

❶ 2015年昆明理工大学开学典礼上戴永年讲话稿。

五

初心可鉴　矢志不移

在通海负伤造成的“脱党”问题一度困扰着戴永年，婚姻曾因此受阻，在“文革”中也受了不小的冲击。当时，戴永年几番努力也没法衔接上组织关系，只能服从当时组织的决定，并以实际行动来表明自己初心未改，无论中间有什么误会，抑或要遭受多少非议，他对中国共产党的信仰不会变。戴永年于1952年6月向云南大学申请入了团。1956年，他从中南矿冶学院毕业回到昆明后，又向党组织提出申请，请求重新加入中国共产党。几经考察，戴永年由程瑞学、蔡乔芳同志作为入党介绍人再次入党。

“文革”结束后，工作和生活渐渐正常化，“脱党”的困扰在戴永年全身心投入教学与科学研究的过程中渐渐淡忘。直到1987年6月23日，与戴永年一起参与革命工作的同学及战友杨树藩同志病逝，伤痛之余戴永年恍然发现时间在自己身上留下的痕迹正在一点一点被抹去，身边的老朋友、老战友有的正在病床上与病魔抗争，而有的已经溘然离世，曾经共同战斗的经历随着时间慢慢消逝。戴永年有一种前所未有的紧迫感，要尽快把自己历史上的问题说清楚，再说不清楚，要找个曾经的见证人恐怕都难了，那一段没有说清楚的历史，将会永远不明不白。

于是，戴永年于1987年6月向通海县委会提出请求，再次复查关于1950年党组织关系的处理决定。现将戴永年当年向中共党委通海县委会提出的情况说明原文摘录，以还原当时的事件经过：

中共党委通海县委会：

我要求复查和改变1950年对我的党组织关系的处理。

1. 事情的经过

1949年9月云南大学被反动政府解散，我离开学校到通海，我的党组织关系转到通海，与李志敏、曹继森等同志接上关系，即在通海工作，同一个党小组的有杨树藩、赵东泰。通海解放后，我任通海县第一区（城区）区长。在一起工作的还有施国仙、陈世贤（现名陈庆）等。

12月，残敌经过通海时我负重伤，枪弹由颈部射入，背部穿出。母亲年老惊吓致病，7天后去世。父亲由昆明赶到通海料理母亲的丧事，为我治伤。由于父亲在昆明有小本经营谋生，不能久在通海，乃于1950年春节后（约阳历2月）带我到昆明继续治疗，在昆明期间，父亲提出要我留在他身边工作。考虑到母亲因我负伤而去世，父亲年老（已六旬），我又没有哥弟，而同情父亲的境遇，就写给通海组织负责人李志敏同志，要求转党组织关系来昆明，若能则可以工作和照顾父亲两兼得。经过几次信件往返，李志敏同志来信要我回通海工作，经过认真反复地考虑，我决心返回通海，我的工作和工作地点请组织决定。下了这个决心之后，就于1950年暑假（约8月份）乘车返回通海。

到通海，立即找李志敏同志（县委负责人之一）谈了我的决定，经过他们研究以后，没有同意接上我的党组织关系，给了我一个文件，说明我在通海工作和负伤的情况，有县委会盖章，给我带到云南大学的党组织，这样，我就被作为“脱党”处理了。以后我在学校又入党，现在是党员。

由于（19）50年受到“脱党”处理，在以后的许多次运动中受到了不同程度冲击，到现在已经37年，回顾起来感到应该向组织提出复查，解决这个问题。

2. 我的要求

以上表明我的实情不属于党章规定的“脱党”。我负伤后，因为当时通海刚刚解放，尚未建立卫生机构，只能托父亲请医生治疗，而他为谋生活，不能久留通海，就带我到昆明治疗，这是组织上知道的，同意的。

在昆明诊治期间，因母亲去世，父亲年老，我没有兄弟可照顾他，同情他的境遇，去信要求转组织关系，也是人之常情。在没有得到同意转组织关系来昆明时，就于8月份返回通海，决心听从组织的安排。

这样的情况不属于受到“脱党”处理，我要求县委复查，改变这种处理。

3. 为了帮助今天的县委的同志了解1950年时我的情况，提出下列同志，和他们现在所在单位，请组织查实。

李志敏　　　玉溪专属科委

曾继森　　　玉溪党政办

杨树藩　　　安宁昆钢党校

赵东泰　　　澄江县检察院

陈　庆　　　峨山县水电局

希望县委复查，改变过去的处理，将衷心感谢组织的关怀。

若有需要，我可以来通海一趟，向县委的同志们说明情况。

戴永年

1987.6.2[1]

经过反复多次的申诉及调查核实，原通海县委负责人李志敏、老同事赵东泰向通海县委组织部分别书面证实“你在通海因伪第11军流窜受枪伤是实事，你返昆治疗我们也是知道的同意的”“我认为戴只有父亲一人，岁数又较大，加之戴又受过伤，形势又有点紧张，老人思想较难解决，这点我们考虑不够，去昆明治病我们同意过，也动员过他返通海，他也曾反映过准予转他的组织关系”。经多方核查，37年后，戴永年关于“脱党”的问题终于有了一线转机。1988年11月10日中共云南省委党委组织部发出以下批复意见，以解决戴永年的问题。

关于对戴永年同志申诉更改

参加革命工作和要求恢复第一次入党的党籍问题的意见

中共昆明工学院党委组织部：

你校戴永年同志多次申诉，要求解决从1948年12月加入“民

[1] 昆明理工大学档案，6-1988-DQ13-3-8。

青”时算参加革命工作时间，并恢复1949年7月第一次入党的党籍，连续计算党龄，经我们研究，提出如下意见：

（一）根据有关记载和本人申诉，戴永年同志1948年12月在云大矿冶系读书时由张震远同志介绍加入“民青”组织，任“民青”小组长、矿冶系“民青”负责人。1949年7月在云大该系由李学华同志介绍加入中国共产党。“九·九”事件后云大教学停止。1949年9月由组织将关系转至通海。在通海期间曾任城区党小组长，通海解放曾任县委秘书、第一任政府主席。1949年12月7日被国民党残匪逃跑时的枪弹打伤，负伤后先在通海其母处养伤，其母病故后，又在昆明其父处养伤。伤愈后于1950年7月回云大矿冶系复学。1951年9月云大毕业留矿冶系任教，以后随系转昆明工学院工作至今。其中1952年6月入团，1956年由程瑞学、蔡乔芳同志介绍重新入党，曾任团支部书记、党支部书记、党总委员、系主任等职。根据中组部通字〔83〕34号及组通字〔84〕22号通知第四条规定精神。戴永年同志参加革命工作时间应从1951年9月改为1948年12月入“民青”之时算起。请你们按干管权限予以审定。

（二）1949年第一次入党的党籍问题

1950年戴负伤后，回昆在其父处养病及至云大复学前，几次口头向通海有关党的负责同志要求，希望把党组织关系转往昆明。当时通海有关同志认为未经组织正式同意返昆是组织纪律错误，离开通海是因为怕艰苦，因而未予转给，并以自动退党对待。

我们认为，在当时特定的条件下，做这种处理，戴固然有一定的责任，但组织上处理也欠妥。戴从1947年7月进入云大冶金系。因“九·九”事件停学，响应地下党号召去通海参加革命斗争。通海解放，云大教学恢复，戴学习未结束，要求将党关系转往昆明，回校复学，从国家整体利益和全局看，这是正当的，不应作为自动脱党对待。况且其母病故，其父原先就在昆明经营个体商业，其是独子，加之养伤，从家庭实际出发，也不能不是一个客观原因。同时，比较全面地分析戴永年同志对党和革命所做的工作和态度，其1948年12月加入“民青”，1949年7月入党，“九·九”停学后在通海为革命做了有益的工作，离通海时再次要求转回关系，回云大复学后，1952年入团，1956年重新入党，期间曾任“民青”小组长、县委秘书、第一任政府主席、团支部书记等职。从1948年12月参加革命以来，除负伤养病外，是一直坚持革命工作的。并鉴于通海县委组织部1988年10月28日的复议意见，建议你们复核戴永年同志1949年7月第一次入党的党籍，党龄连续计算，并撤销1979年1月16日关于戴永年同志1950年“自动脱离党的组织关系”的审查结论。

中共云南省委组织部干审处

一九八八年十一月十日❶

1988年11月，昆明工学院委员会正式发文恢复了戴永年的党龄，从1949年7月他第一次入党的时间开始计算党龄。关于戴永年“脱党”的问题，经历了39年终于得到了解决。

60多年前，戴永年在云南大学矿冶系一楼的一个小教室里庄重宣誓加入中国共产党，他坚信这在严酷的斗争中成长起来的党组织是值得信任与拥护的，跟着党组织走，也一定能实现他为家乡父老做点事情的心愿。从此，戴永年忠诚地与中国共产党相伴一个甲子。

胸怀家国之大爱，在国家命运激荡的洪流里，戴永年经历了以学识服务家乡建设到投身民主革命，负伤后重返校园再肩负起科技兴国的责任。无论身处什么样的环境与时代，他始终认为共产党员就要为着“先进”“为民”而努力，他的这一生也真正实现了这样的目标。戴永年研究的真空冶金技术和设备，已经应用到国内60多家企业，出口到美国、英国、西班牙、马来西亚、越南、巴西、玻利维亚等国家，为社会创造了巨大的经济效益和社会效益。他从1958

❶ 昆明理工大学档案，6-1988-DQ13-3-8。

年起带领着一支专业的团队从事有色金属真空冶金，至今已60多年，使真空冶金技术由萌芽到成熟，有了一套基本理论和技术装备，成长起一大批学者和技术人员。整个团队目前已经得到5个国家级奖励：1987年获国家技术发明奖四等奖（真空炉），1989年获国家科技进步奖二等奖（铅真空精炼），2003年获国家技术发明二等奖（硬锌真空处理），2009年获国家技术发明奖二等奖（含铟粗锌真空处理），2015年获国家科技进步奖二等奖（复杂锡合金真空处理）。这些奖项占昆明理工大学获得的约10项国家奖的一半。

如今戴永年依然带领着真空冶金研究团队奋勇奔向一大批以世界一流为目标的重要课题，如硅冶金材料，铝、镁、钛、锂的新技术，锂电池材料，多元合金真空分离提纯，太阳能电池及材料，金属空气电池，石墨烯制备及应用，粉煤灰的处理等新原料冶金、再生金属冶金、冶金环保、冶金理论研究。戴永年关于“焊锡真空蒸馏分离铅锡”的研究，这个曾经备受质疑的项目，或许连他自己也未曾想到因这个项目能做出重大成果并真正实现造福于民。

戴永年曾评价自己是“一个在学校工作了一辈子的共产党员”，纵观他这一生，身上被冠以诸多的称号和荣誉，而他最在意，也最引以为荣的，还是“中共党员”！

六

人生路漫漫　长情不灭言

- 白发苍苍老助教
- 困难时期全家人共渡难关
- 相濡以沫六十载
- 子女的培养
- 与病魔抗争
- 捐资助学

白发苍苍老助教

戴永年一生在教学岗位上兢兢业业，培养了一大批专业技术人才，其中不乏行业翘楚；他在科学研究方面也独树一帜，取得了显著的社会与经济效益，但他从助教走到讲师岗位用了整整 27 年。

这段路程走了如此之久，一方面是受“脱党”问题的影响；另一方面是因为“文革”时期有政策表明要取消学衔制、军衔制，不再评新的职称，这样的情况一直延续了十多年，才恢复职称评审工作。在此期间，戴永年也有过机会提升讲师，可惜机会一次次莫名地阴差阳错。1954 年，昆明工学院已经有相关研究决定提升戴永年为讲师，但在批报的过程中，又派他去中南矿冶学院研究生班学习，提升之事就被搁置下来。1960 年又有一次提升机会，当时，戴永年因走“白专道路”被下放农村劳动，他的提升名额就被划去了。1978 年，恢复了因“文革”而停顿多年的专业技术职称评聘工作，当时，学校内有不少教师都提议破格提拔戴永年为副教授，校、系有关领导也都同意了这个建议，戴永年与妻子都以为职称问题应该能得到解决了，可是在全省公布的时候，名单里却又没有戴永年的名字。

兰芝生于深林，不以无人而不芳；君子修道立德，不为困顿而改节。戴永年内心虽有失落却也没有过多言语。陪伴了戴永年多年的妻子赵瑞芳深深知道这么多年来丈夫在工作上艰辛付出，的确也取得了一些成果，但是相关的待遇却一直没能改善，养家糊口都成了大问题。她在心底回忆着戴永年这么多年来的不易，也一遍遍问自己：为什么下工厂实习，派往农村劳动名单里永远有永年，而提升职称却总是没有永年？为了给戴永年讨个公道，她提笔给当时云南省分管文教工作的领导写了一封信，内容情真意切，让人动容，也让我们从这个角度看到了戴永年在经济条件极其窘迫的情况下在科学研究领域有巨大突破实属不易，现将这份信件摘录如下：

我是云南大学历史系的一名教师，今天冒昧给素不相识的您写这封信，并非因为我自己的问题，而是我最熟悉的一个人——我的丈夫戴永年同志的问题。他1951年毕业于云南大学矿冶系本科，毕业后留校任教，勤勤恳恳、踏踏实实的工作，至今已经有27年，可还是一名助教，有人跟他开玩笑，称他为“白发苍苍的老助教”。这话并不过分，由于长期的艰苦工作，再加上“四人帮”横行时的精神负担，年近50的他，确实已经像一位老人了。我与他相处20多年，觉得他的思想境界是高尚的，工作是踏实的，作风是正派的。就在他受到最大委屈的时候，仍然坚持教学、科研，从不懈怠。他常说：“一个人的一生，只要能为社会、为人民做点有益的事，就是最大的安慰了，其他还有什么可以追求的。”他为人正直，从不说一句假话，不在背后说一句损伤别人的话。他常以“静坐常思己过，闲谈莫论人非”来要求自己。虽然与他同年，甚至比他晚两年毕业的同学早已是讲师了，享受着与职称相应的待遇。而他还是一个维持着最低生活水平的助教。他没有攀比，也不怨天尤人，而是说：“生活上过得去就行了，艰苦一点还有利于培养孩子吃苦耐劳的精神。”他总是宽以待人，严于律己，在处理家庭关系上也是如此。如果经济上有可能添置一点衣物，他总是首先考虑老人、孩子和我。正因为他是这样一个人，所以当他受到某种委屈时，我总是为他难过，为他暗暗流泪。在“四人帮”横行的那些年月，我从未向谁说过，在粉碎了“四人帮”后，党和政府重视教育、科技、人才，我才有可能写这封信，为的是帮助组织了解戴永年，让他得到一个公平的待遇，以便于解除群众的疑虑，对戴永年来说，也让他能解除精神负担，更好地为党工作❶。

这封挂号信寄出去以后，赵瑞芳没有收到任何回复，所幸在1978年4月，戴永年27年的助教身份终于调整为讲师，1981年按正常的程序被提为副教授，1985年2月被晋升为教授，1990年开始带博士研究生。

戴永年在助教岗位的27年里，岗位晋升、工资待遇等这些能解决实际生活困难的问题没能困住他，他在自己的岗位上潜心专研，默默耕耘，任劳任怨。他内心一直坚信，自己所热爱的工作就如万丈高楼平地起，而这个高楼每一层的一砖一瓦都来不得半点马虎，无论外界的声音是怎样的，自己身处的环境是怎样的，内心那座大厦的蓝图一直深深镌刻。

困难时期全家人共渡难关

戴永年专注研究真空冶金初期，正值国家物资比较贫乏，生活艰辛而不易。戴永年在这样的环境里得以安心做研究，不为生活的艰难而分心，他解释并不是自己有多大的超能力，而是家人在背后默默给予了理解和支持。

有人曾问戴永年："你一直做的这些工作特别辛苦，还经常要上荒凉的矿山，有时候去工厂远离昆明，是否懊悔过？"戴永年总是笑着回答："怎么会懊悔，开心都来不及！"戴永年早在上大学的时候，

❶ 摘自《赵瑞芳文集——回顾与展望》。

就下定决心要学矿冶，以期待为云南的相关行业多作贡献，能梦想成真，已是十分幸运，只要能看到这个行业里的一点点进展，他心里就非常高兴。冶金行业工作的地点时常是在荒郊野外、丛林旷野，工作环境也是十分恶劣，戴永年在当时却一直很享受那样的生活。

人到中年，事业压力繁重，家中上有老下有小，可以想象生活和精神负担之重。戴永年非常感激，这一时期岳母和另外一位奶奶帮衬着照顾小孩。当时戴永年一家还都挤住在云南大学的职工宿舍，戴永年和妻子每人每月平均有七十多元的工资，但家里人多负担重，也要节俭度日，才算能维持基本的生活用度。

聊起那段艰难的时光，令戴永年特别感激的就是家里老人对他们的工作都特别支持，繁杂的家务事及小孩的饮食起居均由老人一手拉扯，这让戴永年和妻子得以安心集中精力做教学科研。其中有一段时日，戴永年几乎照顾不了家里老小，他要么是带学生去昆明冶炼厂实习，要么就是在实验室日夜轮轴做实验，这样的节奏几乎持续了一个学期。他成了工厂里的熟客，于家里却是分不出多余的精力，多亏岳母任劳任怨，默默地把家里照料得有条不紊。

戴永年的岳母王静媛

1960~1961 年的时候全国物资贫乏，粮食比较紧缺，戴永年家也陷入了前所未有的困难时期。戴永年每个月只领到 25 斤粮，包括玉米、蚕豆、小麦面及大米，糖票只有一公两。多亏了贤惠勤劳的赵瑞芳，她总是能想到办法用有限的食材做出可口的饭菜让全家人凑合着吃饱，很多时候都是惦记照顾家人而忘了自己。

戴永年在那段时间里频繁出差、忙于实验，但在孩子们眼里，无论是对妈妈还是对姐弟仨的关爱都没有减少丝毫。赵瑞芳曾在一段时间里身体不太好，据子女们回忆，只要戴永年在家就承包了家里所有的家务；当时收入有限，但为了治好妻子的病，不论多难，他总要尽力去问医找药。

日常的教学科研工作已占据了戴永年大量的时间，又经常出差下工厂，只要能在家他就尽力陪伴三个孩子。戴永年的大女儿戴爱平如今很留恋爸爸在家给姐弟三人讲故事的场景：

“我记得小的时候，我们会坐在床上，听我爸爸给我们讲《三国演义》，那个时候我觉得家庭生活很温馨，虽然没能去哪里玩，但这样也很满足。每天回家就希望，快点快点到讲三国的时间，我爸爸给我们念，那时候我对周瑜的印象最好了，既英俊又勇敢。”[1]

物资匮乏在那个年代是绝大多数人面临的实际困难。戴永年回忆，那时无论走到哪儿都有一个购粮本，吃饭都要交粮票，每人每月一两水果糖、半斤糕点票，就连穿衣服都是凭布票，大约每年每人只能分到五尺布票，要缝一套衣服就得把全家的布票都集中到一块，于是就今年凑齐全家布票给弟弟缝一套衣服，明年才能凑齐姐姐的衣服布料。

相濡以沫六十载

在戴永年的眼里，赵瑞芳是一个出色的学者，更是一个贤惠的妻子。每次有出差，她总会提前给戴永年准备好衣物、用具；出差

[1] 戴爱平访谈，美国洛杉矶，采集工程已收录。

归来，她总会关心戴永年的饮食。戴永年和赵瑞芳养育有两儿一女，从小他们就习惯缠着母亲，只因戴永年不是在实验室就是在工厂，在家的时日不多，孩子们也不大容易见到他。孩子们日常的教育和生活问题就都落在了赵瑞芳身上，在她的脑子里，爱人、孩子、工作是同等重要。

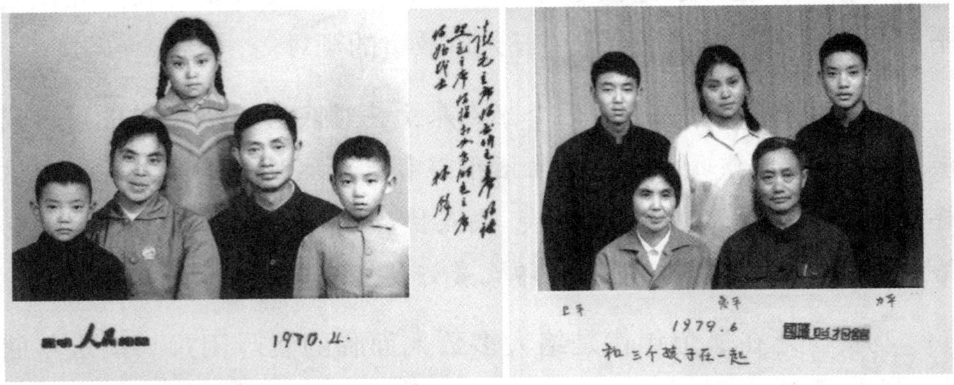

戴永年全家合影

曾经，戴永年有抽烟的习惯，妻子的一封信让他毅然决然地戒掉了。关于年轻时抽烟的动机，戴永年事后分析完全是“幼稚”。云南的烟叶在全国都比较出名，而通海早在戴永年还在中小学时期就已经开始大面积种植烟草，种植出的烟草叶片色泽金黄，品质也非常好，走在一望无际的烟田里，看上去还非常漂亮。早些年云南的烟叶曾经运到上海加工销售，已经小有名气。戴永年当时就觉得云南的烟叶如此好，如果不抽的话，就是不会享受云南的特产。学生时代也没有多余的零花钱，更不能把父亲辛苦给的生活费用来抽烟，只是等大学毕业后，有了工资就开始尝试抽烟，大约从 1951 年到 1961 年，一共十年烟龄。

这十年烟史里，戴永年最初并未意识到吸烟会有什么大问题，有一次在外地出差，他意外收到了妻子的一封信，信件的内容是要他好好照顾自己的身体，建议他不要再继续抽烟了，抽烟不但有一笔额外的开支，关键还会影响健康。当时是全国困难时期，家庭生活也很拮据，戴永年细想抽烟省下的钱还可以改善家庭的生活，大致一算，自己已抽烟十年，这让他感到非常惭愧。从妻子娟秀的字迹里，戴永年看到了她对自己和这个家庭深深地无私的爱，而自己为家庭所做的太少了。于是戴永年下决心戒掉了吸烟的习惯。从那以后到现在的五十多年里，戴永年再也没有抽过一根烟。许多年后，赵瑞芳曾写文回忆起戴永年的戒烟之事，赞扬他此举“情真毅坚”。

戴永年与赵瑞芳携手60多年，果真是应了结婚时朋友们白头偕老的祝福。回望这难得又珍贵的时光，戴永年总结着夫妻之间共处的诀窍是要互相尊重，不能随便讲过头的话，生活中总会遇到些磕磕碰碰和不如意，但不能把情绪带回家，更不能把离婚随便挂在嘴边。他们二人均是在困难环境中成长的，同为中共党员的他们在认识之初就有着共同的信仰和价值观，在共同的生活中建立了深厚的革命友情；同为教师，有着相仿的工作经历，忙于科研、教学让彼此更能理解工作中的辛苦与快乐。更重要的是，他们在这过去的60多年里，无论遇到什么困难都不会在对方面前抱怨，多为彼此着想。

如今，赵瑞芳已经离休在家。每每聊起老伴，戴永年总会笑得很灿烂，他总说这一生在清贫中、匆忙中度过大半生，年老能得一个自在，让他和老伴都很满足。如今，两个老人的生活大部分时光依旧是在书房度过，戴永年晚年笔耕不辍，赵瑞芳也为他在一旁默默支持。戴永年总是不忘告诉周围的亲眷朋友：“我的那些文章，没有署她的名，但是实际上最后是她审定的。”

如今戴永年和赵瑞芳形影不离。每天清晨，行动不太利索的俩人会相互搀扶着在小区里散步。近期，赵瑞芳患了眩晕症，一旦外出，戴永年的右手总是会紧紧牵着赵瑞芳。两位老人蹒跚的背影，让旁人温暖又感动。这大约是执手一生最真实的写照。

子女的培养

戴永年年少时，因家里有姐弟三人，父母都是老实本分之人，全靠做点小本生意支撑生活，一家人的生活还是比较困难的。自己有了孩子之后，戴永年夫妇在孩子的教育上，尤其注重培养他们艰苦奋斗、自力更生的品格和意志。对三个小孩，戴永年和赵瑞芳一直鼓励他们要努力、要自立、要勤奋。

2009 年 5 月 23 日戴永年院士家庭聚会

戴卫平（左一）、儿媳王萍（左二）、孙子戴明钰（左三）、外孙女杨羽（左四）、戴永年（右四）、赵瑞芳（右三）、戴爱平（右二）、女婿杨清（右一）

在大女儿戴爱平的记忆里，父亲是一个勤俭自立的人，她总记得父亲在姐弟三人还很小的时候就一直告诫他们：打铁离不开本身硬，无论做什么事，自己都要想办法把它做好；无论遇到什么困难，不会有过不去的坎。

戴永年在科研道路上的执著精神也深深感染着三个孩子。戴爱平回忆，记忆中的爸爸总是在抓紧时间，下班回家忙碌完家务后，他就在灯下看书了。戴永年终身学习的习惯一天天影响着孩子们，三个孩子长大后也都惜时好书。戴爱平在采访过程中就这样评价父亲：

他经常教育我们做事不做则已，一做就要做好，为人要真实，后来我上医学院，在这方面受益很大，对病人一定要认真、执著，什么病一定要搞清楚，还有就是不怕苦，这样一来工作中好像从来没有觉得很累，工作都总是很愉快地去做，我觉得这点父亲对我们家人有很大的影响❶。

戴永年认为为人父母，一定要给孩子必要的提醒，办事认真，不要怕小麻烦，怕了小麻烦就会有大麻烦，要看长远，要心胸宽广，要豁达大度，不要为小事斤斤计较，患得患失。从小培养孩子们勤奋刻苦，勤俭节约，自主自立，孩子们长大后，戴永年便放开了手，让他们自己决定人生的方向。

日常忙于工作，在家的时日不多，对妻子、儿女戴永年时常心怀惭愧和遗憾，因此他总是尽全力去补偿。出差到外地，戴永年总会省吃俭用买点妻儿爱吃爱用的东西，再不方便也都要想方设法捎回家。有一次，戴永年在漫天风雪中赶回家，天冷路滑一个踉跄摔倒在地，身子摔得生疼，两手护着的一个罐倒是完好无损，里面装的是孩子们最爱吃的食物。

对孩子们而言，在父亲的身边从没有听他抱怨过生活的艰辛和工作不易。曾有一段时间，戴永年全家还与另外一户人家共同住在一个平房里，一家五口住宿空间非常紧张，连厨房都没有。戴永年苦中作乐，带着孩子们一起盖了一个简易厨房，厨房里的餐桌之类也是戴永年带着孩子们敲敲打打做出来的。

❶ 戴爱平访谈，美国洛杉矶，采集工程已收录。

也是这些困难日子里的磨砺，让戴永年的三个孩子都非常懂事，善解人意，他们从小就继承了父母吃苦耐劳的精神，积极承担家务劳动，分担父母的劳累。在学习上，三个孩子都有创造性、均学有所成、拥有一技之长，这也让戴永年夫妇心感安慰，无牵无挂。

与病魔抗争

近十多年来，戴永年一直被疾病困扰，但他脸上的笑容一直伴随着身边的人们。2000 年 7 月 5 日，70 岁的戴永年“因言语不利 36 小时”被送入昆明医学院第一附属医院就诊，入院后经检查确诊为“左侧基底节压腔隙性脑梗塞”。经医院积极治疗后病情缓解。医院在对戴永年进一步的全面检查时还发现他膀胱左侧壁占位性病变，前列腺肥大，经泌尿科会诊认为是：膀胱肿瘤性质待定，也就是有膀胱癌的可能、前列腺癌待排。8 月 3 日下午再经膀胱镜检查并行活检结束后，戴永年出现血尿排尿困难，出现膀胱填塞，保守治疗无效后，医生建议进行手术治疗。

戴永年很快知晓了自己的病情，历经过生死考验的他在手术前倘然地留下了遗嘱：这次生病能医好是好事，如果医不好也没什么，现在将我要说的话写下来：1. 三个孩子一定要独立自强，不管做什么事，都要踏踏实实，不要有依赖思想。2. 我和老赵这些年，我非常感谢她对我工作的支持，以后家里的事就由她做主……字字真情，戴永年嘱托好身后事，以免出现万一，家人过分悲痛。

在手术中，医生发现戴永年膀胱左侧壁肿瘤、前列腺Ⅲ度增生，即行肿瘤切除和前列腺摘除术。手术后，戴永年配合医生进行了积极的治疗，身体状况渐渐有了好转。

2005 年 5 月，戴永年的膀胱肿瘤复发，在昆明医学院第一附属医院泌尿外科采用膀胱电切术做了第二次手术。2006 年 5 月，再次出现血尿现象，经确诊为膀胱癌复发，进行了第二次膀胱电切术，术后恢复良好。2009 年 12 月开始，戴永年反复出现尿频、尿急、尿痛等症状，在昆明医学院第一附属医院治疗半年无果，于 2010 年 8 月转入北京 301 医院进行治疗，症状解决后于 2010 年 9 月返回昆明。2013 年 8 月 16 日戴永年出现剧烈肚痛，紧急送往医院后手术发现是肠梗阻，有一段小肠已经坏死，切除了坏死的小肠约 90 厘米。2016 年 3 月 7 日再次出现血尿，入住昆明医科大学第一附属医院泌尿外科，确诊膀胱癌复发，并转移前列腺癌，再次进行电切术治疗，并进行膀胱造瘘术。2016 年 6 月 25 日开始进行靶向放射治疗，8 月 7 日出院。

在与疾病斗争的十多年里，戴永年一直保持着积极而乐观的心态。虽然经常出入医院，身体的病痛却未能摧残他的身心，一旦身体开始好转他就开始关心学校、研究所的工作以及学生的状况，精力稍微好点的时候还经常在病房里给学生上课、批阅论文。若是住院时间稍长了些，病房就成了他的办公室。

2013 年戴永年因肠梗阻手术，手术中使用了全麻醉，术后第五天出现幻觉，仍在 ICU 的他夜里 11 点给秘书曲涛打电话[1]，要求曲涛第二天一早就要去给他办理出院手续，理由是他明早安排了课程（注：实际没有安排），他要赶回学校上课。他时时刻刻惦记着研究，惦记着学生，哪怕是在手术后的幻觉里，依然沉浸于教学工作之中。

身体的不适未能消磨戴永年的意志及对工作和生活的热情，无法抵御的衰老更影响不了他对教学、科研工作的执著。如今，每周一至周五早上 8 点 30 时分，戴永年定会准时从家里出发，顺着白泥山（昆明理工大学教师住宅区）一步步走向真空研究所，90 岁高龄

[1] 曲涛，戴永年院士秘书，昆明理工大学副教授。

的他只要身体允许，无论严寒酷暑都准点来到真空冶金研究所，心系学生的成长、科研工作的进展已经潜移默化成为他的一种生活习惯。而他这样的生活状态，也默默影响和感动着周围的师生。

有人曾建议年迈的戴永年，不必日日到学校，在家里也一样可以看书做研究、关心学生的成长。在戴永年眼中，每天到学校的意义远不止如此。年轻的时候，他可以带着学生亲自下一线，到工场实地考察学习；也可以连续一两个月蹲守在实验室带着学生一起做新的尝试，如今年迈，讲课的时间少了，但他依旧愿意把自己大部分的时间花在这里，他渴望能在有生之年，给学生、给同行、给企业、给社会更多的帮助和回馈。正如他在接受采访中所说的：

"现在年纪大了，讲课讲得少了，但是我跟他们在一起时间比较多，我就跟他们讲，应该注意什么问题。一定要重视年轻的孩子们，趁着他们年轻，脑子好，灵活，要多创新，大胆地去搞，所以他们都愿意跟我讲，跟我闲聊天，来找我的人络绎不绝，有的时候排着队。老师、同学、外面的人，他们找我，我找他们，我都要把我的经验告诉他们。

我天天还来，来的意思就是年轻同学、年轻的老师，有什么事儿跟我商量做，我都愿意商量，要我帮助的，我能帮助的地方，我就帮助他们。力所能及的，我一定做！"❶

当有学生来找戴永年讨论问题时，他也总是克服自己身体上的不适，坚持为学生讲解清楚。其实因为膀胱癌与前列腺癌的影响，戴永年日日受尿频尿急困扰，为了在与学生们交流的时候不受其干扰，他就很少喝水。如果是有外界的人员或单位来访，他时常也是坚持45分钟以上，这在日常来说已是达到了他身体承受的极限，若有对方不知情的情况，只有秘书上前善意提醒，戴永年才会去一趟卫生间。

年轻时候知无不言，年老依然如此，戴永年对知识、对求教者

❶ 戴永年访谈，昆明，采集工程已收录。

的态度从未因年岁或疾病困扰而有过更改。至于年龄的问题，他如今几乎不会去深究，他时常说：“我90岁了，但是现在，我就不考虑我今年又几岁了，我能多活一天，我就干一天的工作。”

捐资助学

戴永年对母校通海一中一直有特别的割舍不开的感情。在少年时代，这所学校给了他扎实并受益终生的基础教育，也是在这里他度过了少年时代最美好的时光。也是母校，给了自己第二次生命，解放前的那次枪伤，若不是有通海一中学生们的帮助，戴永年还不知道未来的履历是否还能继续。

2005年，戴永年原通海一中老七班的几个同学，也是原来的“路灯社”的几位老同志，吕韵珍、吴家骥（现名吴伯群）等，商议提出在通海一中设立一个奖学金，提出用这个奖学金来奖励品学兼优的学生。这个提议很快得到了戴永年和妻子赵瑞芳的赞同，两人先后捐款两次，总计八万元，在通海一中设立了“优秀学生奖”。2008年，两人再次出资十万元，在学校建“学思亭”（后学校改名为“永瑞亭”）以供老师、同学们使用。2012年，为了帮助通海一中提高师资力量，奖励在校教师努力工作，戴永年和赵瑞芳又捐出十万元，设立“优秀园丁奖”。

对于戴永年等捐赠的奖学金，通海一中处理得比较妥当，前前后后所得款项共计达一百万元之多，学校和县里把这些钱存在银行，银行提供百分之五的利息，每年就用这百分之五的利息来奖励优秀学生。现在学校也越办越好，近两年的高考过线率也非常高。

通海一中老七班同学2001年聚会

戴永年（中排左三）、吕韵珍（后排左五）、吴伯群（前排左二）

对于捐资助学这件事情，在戴永年看来，是在自己有了一点经济能力后一定要去做的事情。对周围人的溢美之词，他却这样看：

一个人没钱不行，没钱过不了日子，但是，有些钱多了以后，你就要考虑到帮助别人。因为那个钱最后，等到你百年了之后，你不能带走一分。所以在你在世的时候，你最好把你的钱用在对人民有好处的地方。

“益于民”，这是戴永年在选择专业方向时最质朴的心愿。从此之后，戴永年所走的每一步，历经坎坷却从未放弃也是因为这样的发心。从字眼间看来，“益于民”这三个字貌似空而大，但在戴永年的一生里，他都实实在在地用自己走过的每一步路来填充。胸怀家国之大爱，在国家命运激荡的洪流里，戴永年经历了以学识服务家乡建设到投身民主革命，负伤后重返校园再肩负起科技兴国的责任。时运让他选择，唯有初心不改。青春激昂，他为新政权抛洒热血；年富力强，他在工厂、在实验室、在讲坛，为国家掘金、培养人才；年迈体虚之时，他心系学生、著文写书、捐资助学、为企业出谋划策。做点对人民有好处的事，这在戴永年一生的履历中点点滴滴，实实在在。

七

老骥伏枥　志在千里

- 创新成果奉献人类
- 行文合一
- 引导绿色冶金

创新成果奉献人类

2015 年教师节当天，戴永年及夫人赵瑞芳向昆明理工大学郑重提交了设立“昆明理工大学创新奉献奖”的书面建议，夫妇二人决定拿出多年的三十万元积蓄作为奖励基金，奖励昆明理工大学创新、奉献的优秀人才。建议书的内容这样写道：

尊敬的周荣书记、张英杰校长、王华副校长、易健宏副校长、马文会院长、杨斌处长：

我们都要创新，创新成果奉献人类。

要鼓励创新，支持创新。

我们商定捐资三十万，以每年利息奖励创新、奉献的优秀人才。每年 1~2 名（含文理工科）我校师生员工。

若有校内、外社会共识人士参加此事，则十分欢迎，共成此事。

戴永年　赵瑞芳

要创新，创新成果奉献人类。在一定程度上，戴永年的大半生都在为这句话实践着。他为昆明理工大学真空冶金国家工程实验室这个团队亲笔写下了“立于德　成于学　展于创　益于民”的团队文化，并用这 12 个字时刻要求自己和团队成员。其中的“展于创”满含了他对于“要创新”的深刻体会。从另一个角度来看，这 12 个字也算得上戴永年为真空冶金研究所的发展、学校的发展、云南的发展奉献一生的总结。他一生将“立于德”作为自己修养准则。“成于学”则是要不断学习人类宝贵的经验、文化、科学知识，戴永年一生都保持着学习的习惯，无论是在通海接受启蒙教育，在中学时代寒窗苦读，在颠沛流离时期书卷不离手，在工作后日夜伏案研究，乃至古稀之年笔耕不辍，他坚信只有抓紧时间、好好学习，才会有能力去服务社会。“展于创”，则是集合了他对“创新、创造、创业”的综合理解，也正是在一步步践行“科学技术要创新”的步伐中，戴永年成了技术尖兵，并真正实现了“益于民”的理想。

他将这毕生的经历，总结为“立于德、成于学、展于创、益于民”这12个字中。行至暮年，自己已无法再深入实验室研究创新，但是他将这份殷切希望寄托在了年轻一代的身上，希望创新成果服务人类，生生不息。

2015年11月30日，戴永年夫妇建议学校设立“昆明理工大学创新奉献奖”得到了学校的同意，并将其捐资的三十万元在昆明理工大学设立创新奖励基金，以每年利息的方式奖励创新、奉献的昆明理工大学优秀人才。

戴永年捐资为学校设立创新基金

戴永年如今依然坚持每天都到学校办公，实际上也是在关心年轻人未来的发展，为他们的工作解决实际的困难。他总是说：“现在，是我自己不能做科研了，我就选出一些题目，让年轻同志做。

所以年轻同志的科研费，他自己申请不到的话，我可以给予帮助。”

戴永年这么说，也是这么实实在在地做，他总是拿出自己的科研经费和奖励来支持有想法、敢闯、能干的年轻人探索新的领域。在鼓励年轻人创新发展时，戴永年也总要提醒大家，新选的课题要依据国家、地方、单位的迫切需要，依据学科发展的前沿来确定，期望做出的成果、经济效益、社会利益最大化。戴永年希望自己能给年轻教师必要的技术指点、经费支持，更愿“益于民”的理想能薪火相传，服务于昆明理工大学一流学科的建设，也能服务于国家与社会的发展。

行文合一

专注多年的教学和科研工作，戴永年深深体会到实践与理论相互印证结合的重要性，而实践的结果也一定要及时做总结，示范后人；也要把自己在实践中的收获用来引导年轻人继续深入关注。所以，戴永年在编写书籍过程中深刻理解了“行而无文，行之不远”这句话的深刻含义。他这样与学生解释他对这句话的理解：

“通过实践认识真理、发展真理，又通过总结，进一步推动实践，这是我们做学问的规律。因此我们在学习的时候一定要先做实验，不要怕麻烦，不要怕困难，不要怕辛苦，因为你年轻，要刻苦地锻炼，要努力去学习，掌握第一手东西，你第一手做的实验要享用一辈子，因为以后你亲自做实验的机会越来越少，最初开始做实验的时候一定要扎扎实实的，勤勤恳恳的，好好做实验，来认识这个东西。然后写成文章，一定要好好写，把你自己总结的东西写出来，把你研究一辈子的精彩的东西写出来，不写就可惜了，因为你不能带进棺材，要写，写出来以后就可以留给别人看，你的经验就变成人类的经验了。”❶

早年间，戴永年编写了《锡冶金》《真空冶金》这样的行业指导性的书籍。晚年，他更是对教育、冶金行业积极建言献策。如他于2015年所著《大学与社会》，这是他半个多世纪以来在大学里进行教学与科研工作的综合总结，他情真意切的指出，大学不但为社会培养了专业人才，其研究工作也促进了社会问题的研究、促进了社会的发展，大学是社会密不可分的一部分。他将这篇文章送给了昆明理工大学当时的书记、校长，送给了云南省教育厅厅长，送给了高教科委，希望自己的思考能对当前的大学教育及社会发展有一定的帮助。

戴永年曾在为赵瑞芳的书提序里这样写道，“一辈子多做些有益于人的事，无论大小，我们都努力去做，多写点东西给年轻人参考，他们少走弯路，我们就很高兴了。”无论大小，我们都努力去做，在戴永年的心里，只要自己还能思考，“益于民”的行动就一直会继续下去。

引导绿色冶金

专注于冶金行业多年，走转无数的冶炼工厂，戴永年深知这个高耗能、高污染产业的硬伤在何处。晚年，他更关心冶金过程的改

❶ 戴永年访谈，昆明，采集工程已收录。

进，开发绿色冶金。

2015 年，戴永年与云南当地一家环保公司合作，建议为着力解决冶金行业的污染问题，如尾矿处理提供相关的技术及人员支持。以下是戴永年写给环保公司的建议书，从中可以窥见他晚年来一直关注着云南整体的可持续发展：

给环保公司的建议

二〇一五年八月七日

当前，各地对气、水、土、渣等进行整治，使其不影响人的健康。政府制定政策，民企参与实施，各方采取许多有效措施，使废物变为有用之物，不仅不为害人民而能达标排放，甚至创造价值，益于社会经济发展。环保公司颇具发展前景，能作出贡献。提议如下：

1. 由于环境中存在气、水、土、渣等问题的地方点多、面广，问题严重程度各不相同，地区经济状况也不一致，需要整治的要求不同，且又各处分散，故建议公司专人专责进行调查，以便公司与有关地点的责任机构联系，商定工作。

2. 当前许多工业（包括冶金工业）的生产流程、设备、甚至产品，需要“绿色化”。这就要分析若干单位“绿色化”改造的项目，以便与该单位共同协商改造的方案、负责实施的内容和改造需要的经费等。这方面的工作量大，技术性强，需要在调查（建议 1）中充分完成。

3. 主动系统地了解本地区（区、县、省）的污染情况，如滇池、洱海、星云湖、云锡、云铜、昆钢、东川、曲靖等地的水、土、渣的存在情况，以便选定可进行整治的点（即有污染问题需要治理、地区提出治理要求、有可进行治理的经费等），与当地商定整治方案。

4. 主动了解附近省市存在的环境污染问题，如云、贵、川等省，以作为本公司发挥能力、益于人民的地方。

此建议着重在“调查研究”，是本公司广泛开展工作的基础，希望公司研究，采取必要措施，进行工作，量力而行，逐步完善。

近几年，戴永年写了很多这样的建议书。有关于地方经济发展的，有关企业多种经营的，有关地区技术产业发展的，有关传统产业升级发展的，有关科学研究与实践的……但凡是他目之所及并深入思考过、着手考证的方向，他一一写成文章，送达相关人的手里。

年事已高的戴永年，就这样用自己的方式倔强地对抗着时间的残酷。一封封建议书，从他笔下传到学生、企业、政府手里，虽然年龄与体力已不再允许他再走进实验室，更不允许他再走向工厂一线，但他依旧用经年不息的热情燃烧着至诚至爱，温暖着这迈着成长步伐的时代。

附　录

- 附录一　戴永年大事年表
- 附录二　戴永年已毕业研究生名单
- 附录三　戴永年发表的论文
- 附录四　戴永年获得专利情况
- 附录五　戴永年专著
- 附录六　戴永年获得的奖励

附录一

戴永年大事年表

1929年

2月9日，出生在昆明市翠湖边的景虹街，父亲戴逢礼，母亲王淑卿，家中长子，上有两个姐姐。由于戴家早年多次丧子，故取名戴永年，寄托长命富贵的愿望。

1935年

3月，搬家到武成路中和巷。

9月，就近进入昆华女中附小（现昆明市武成小学）上小学。

1938年

9月28日，日本空军首次空袭昆明，戴永年及其家人躲避空袭。

9月29日，随父亲戴逢礼由昆明潘家湾南部的篆塘坐船去晋宁避难。

10月8日，日军对昆明的轰炸愈演愈烈，随戴逢礼经过两天的辗转回到故乡——玉溪市通海县，并在文庙继续中断的学业。

1943年

春季，从通海初中毕业，跟随父亲来到昆明考高中，并进入建设中学。

秋季，参加秋季招考，进入云大附中。

1944 年

春季，转入龙渊中学继续高中学业，经常与同学到云南大学听李公朴、闻一多等民主人士的时事报告会，并在此期间对云南大学的学科设置有了一定的了解。

1947 年

9 月，考入云南大学矿冶系，结缘有色金属，开始大学生活。

1948 年

7 月 15 日，亲历爱国民主运动“七·一五”运动，并积极帮助被捕同学。

12 月，经云南民主青年同盟（简称民青）成员张震远介绍，加入了云南民主青年同盟，并先后担任小组长、支委，组织进步青年开展革命活动。

1949 年

3 月，戴永年的好友杨树藩、刘建中（现名刘华民）、陈世贤（现名陈庆）、赵东泰等人在通海成立了进步组织“路灯读书会”。

7 月，经云南大学支委李学华介绍，加入了中国共产党。

9 月，国民党当局加强了对西南地区的控制，云南大学被强制解散，迫于形势紧急，与母亲一同回通海暂避风头。回到通海后，就加入了当地进步组织“路灯社”，并和同学们很快投入到了通海的革命活动中。

12 月 26 日，国民党第八军残余分子南逃经过通海，窜扰县城，与“路灯社”成员对国民党残军进行阻击，战斗中左侧颈部中弹，并由左肩穿出。

1950 年

1 月 2 日，母亲王淑卿因受刺激诱发疾病过世。

1 月，被解放后的通海县政府任命为第一任区长（第一区人民政府主席）。

2 月，随父亲离开通海，回昆明养伤。

3 月，云南大学复课，回到云南大学矿冶系学习。

8 月，返回通海县办理党组织关系转移，但未得到批准，按自动脱党处理。

1951 年

9 月，从云南大学矿冶系毕业并留校任教。

1952 年

5 月，在云南大学与赵瑞芳相识。

6 月，向云南大学申请加入中国共青团。

1953 年

2 月，按云南大学矿冶系要求开设“锡冶金”课程，计划时数是 30 学时。

3~8 月，由于缺乏锡冶金相关教材及书籍，为收集资料，参观考察了全国的各个炼锡厂，参加了若干次锡的学术讨论会，写下若干篇锡冶金方面的论文，并数次带学生去工厂实地实习。

1954 年

9 月，和赵瑞芳在云南大学会泽院大厅举行结婚典礼。

9 月，昆明工学院成立。

9 月，随云南大学矿冶系调整至昆明工学院冶金系。

10 月，被昆明工学院派到中南矿冶学院研究生班读研究生两年，师从于名师苏联学者依·尼·皮斯库诺夫和我国著名的有色冶金专家周则岳等。

1955 年

9 月，父亲戴逢礼因病去世。

1956 年

6 月，由中南矿冶学院研究生班毕业，回昆明工学院任教。

10 月，由程瑞学、葵乔芳同志作为入党介绍人再次入党。

1957 年

5 月，苏联专家谢夫留可夫来昆明工学院讲锡冶金课，其中讲到真空蒸馏精炼锡过程中，介绍了苏联专家穆拉契教授在小型真空炉中做真空蒸馏分离锡、铅、砷的实验。

1958 年

3 月，带头组建了我国第一个真空冶金实验小组。

4~12 月，借带学生实习的机会与小组成员一起到个旧锡矿、鸡街冶炼厂、昆明冶炼厂、云南冶炼厂等地开展科学研究。

1959 年

与真空实验小组因陋就简、自制真空炉，成立小型真空实验室。在研究、实验过程中，开始发表一些真空冶金类的论文。

1966~1976 年

“文革”十年，大学“停课闹革命”，被迫中断了原有的教学和科研工作。由于 1949 年在通海受伤后回昆明治疗所造成的“脱党”问题，对全民“大炼钢铁”的荒唐做法提出异议，坚持真空冶金研究被视为“不问政治”“走白专道路”，因此遭到了批判和陪斗，并被派到很多地方去劳动。由于劳动强度大，劳动条件差，吃不饱饭，一度患上了水肿病。

1977 年

3 月，受冶金工业出版社的委托，主持编写我国第一部《锡冶金》专著，此书总结了我国多年来的炼锡经验，成为那个年代集生产、教学、科研、设计于一体的一部重要参考书和教科书。

10 月，研发的内热式多级连续蒸馏真空炉的研究取得突破性成功。

1978 年

恢复了因为“文革”而停顿多年的专业技术职称评聘工作。

4 月，被评为讲师。

5 月，获得昆明工学院 700 元科研经费支持。

1979 年

4 月，日处理 2 吨的真空冶金炉研究成功，经云南省冶金局鉴定后成功地应用于工业生产，取代了传统流程。

7 月，获云南省冶金局 5000 元科研经费支持。

10 月，昆明工学院同意成立真空冶金实验室。

11 月，用真空冶金炉实现的“焊锡真空脱铅技术”获冶金工业部科技进步奖四等奖。

12 月，获云南省冶金局 5000 元科研经费支持。

1980 年

11 月，其研发的“焊锡真空脱铅工艺”获云南省科技奖三等奖。

1981 年

任冶金系主任。

1982 年

4 月，用科研费建设一幢实验室。

1983 年

5 月，被评为副教授。

9 月，招收第一个硕士研究生郭先健。

1985 年

9 月 10 日，获昆明工学院和中国共产党昆明工学院委员会颁发的教师节纪念奖。

1986 年

5 月，被评为教授。

1987 年

3 月，其研发的“粗铅真空综合精炼直接制取电缆和金”项目获云南省科学技术进步奖二等奖。

10 月 24 日，主编的《锡冶金》被中国有色金属工业总公司评选为优秀教材二等奖。

12 月，其研发的“焊锡真空脱铅用真空炉”获中华人民共和国国家发明奖四等奖。

1988 年

5 月，去联邦德国亚琛大学有色冶金和电冶金研究所进行学术交流。

11 月 15 日，中共昆明工学院委员会同意戴永年同志参加革命工作时间从 1948 年 12 月加入“民青”之时算起。恢复戴永年同志

1949 年 7 月第一次入党的党籍，党龄连续计算。撤销 1979 年 1 月 16 日昆明工学院党委常委会关于戴永年同志 1950 年“自行脱党的组织关系”的审查结论。

11 月，其研发的“粗铅火法精炼新流程”项目获中国有色金属工业总公司颁发的科技进步奖二等奖。

1989 年

3 月，前往美国矿物-金属-材料学会（TMS）年会上作《粗金属及合金真空蒸馏分离杂质元素》的报告。

7 月，其研发的“粗铅火法精炼新流程”项目获国家科学技术进步奖二等奖。

9 月，获云南省人民政府授予的劳动模范称号。

12 月，被国务院学位委员会遴选为博士生导师。

1990 年

5 月，接到中南矿冶学院的教授赵天从的来信，开始与武汉钢铁公司进行热镀锌渣真空蒸馏实验研究。

9 月，招收第一个博士研究生刘日新。

10 月，编著的《真空冶金》获中华人民共和国新闻出版总署颁发的全国优秀科技图书奖二等奖。

11 月，应邀前往苏联哈萨克斯坦作《真空冶金在中国》的学术报告和学术交流。

1992 年

开始关注无污染新能源材料锂的真空提炼技术的研究。

5 月，受广东韶关冶炼厂邀请到厂里讲授真空冶金技术。

1994 年

12 月，其研发的“热镀锌渣真空蒸馏提锌方法及设备”项目获云南省优秀专利项目铜奖。

12 月，其研发的“热镀锌渣真空蒸馏提锌”项目获中国有色金属工业总公司颁发的科技进步奖二等奖。

1995 年

1 月，获中国真空学会真空科技成就奖（Hayashi Award）。

9 月，昆明理工大学“真空冶金研究室”更名为“真空冶金及材料研究所”，创造性地自行研究、设计，建造大、中、小型真空炉 15 套，为许多工厂提供了生产设备，为大批研究生和本科生提供实验场地。

12 月，其研发的“热镀锌渣真空蒸馏提锌”获云南省科学技术委员会颁发的科研成果登记。

12 月，开始研究真空炼锂，首获金属锂 4 克。

1996 年

5 月 10 日，论文《金属在真空中的挥发性》获昆明理工大学颁发的昆明理工大学优秀科研论文二等奖。

7 月，10 位院士到真空所考察指导工作，肯定真空炉 17 年前就用于锡冶炼的生产，真空所经费达 150 多万元，人员 8 人。

1997 年

戴永年为韶关冶炼厂调配的 5 台真空炉正式投产，成为国内有色冶炼厂中最大的真空冶金车间，每年的经济效益 4600 万元，该企业每年新产的 2000 多吨硬锌也得到及时妥善处理。

6 月，论文“Vacuum Metallurgy—An Important Direction in Reforming Conventional Nonferrous Metallurgy”获昆明工学院颁发的昆明理工大学一九九七年度优秀科研论文一等奖。

11 月，有色总公司技术经济院包晓波同志帮助写“锡深加工”。

1998 年

7 月，其研发的“硬锌真空蒸馏提锌和富集锗铟银”技术获中国有色金属工业总公司颁发的科技进步奖二等奖。

11 月 24 日，“硬锌真空蒸馏提锌和富集锗铟银”获云南省科学技术委员会颁发的科研成果登记。

1999 年

7 月，“真空法回收锗铟锌工艺及设备研究”项目获广东省科学技术进步奖评审委员会颁发的一等奖。

11 月，被评为中国工程院院士。

2000 年

1 月 19 日，被《西部探矿工程》编委会、《西部探矿工程》编辑部聘请为该刊编委会顾问。

6 月，被昆明理工大学学术委员会聘请担任昆明理工大学学术委员会副主任委员，任期一年。

7 月 5 日，因“言语不利 36 小时”被送入昆明医学院第一附属医院干疗科住院医治。经头颅 CT、MRT 等检查，被诊为“左侧基底节压腔隙性脑梗塞”，经医院积极治疗后病情缓解，言语流利。

8 月 3 日，膀胱镜检查并行活检结束后，出现血尿排尿困难，膀胱填塞，保守治疗无效后进行手术治疗。手术中医生所见为膀胱左侧壁肿瘤、前列腺Ⅲ度增生，即行肿瘤切除和前列腺摘除术。

8 月 30 日，获云南省老科技工作者协会聘请为该会第二届理事会顾问，任期五年。

2001 年

4 月，获中华全国总工会授予的全国五一劳动奖章。

6 月 1 日，被重庆大学聘请为该校名誉教授。

7 月 27 日，其研发的“硬锌真空蒸馏提锌和富集锗、铟、银”项目获云南省优秀发明创造选拔赛一等奖。

9 月 25 日，其研发的“硬锌真空蒸馏提锌和富集锗铟银”项目获中国发明协会颁发的发明创新杯奖。

2002 年

4 月 30 日，被华中科技大学聘请为该校客座教授，聘期两年。

7 月，被昆明理工大学产业集团聘请为其专家委员会委员。

2003 年

3 月 24 日，被中信国安集团公司聘请为技术经济专家委员会委员。

5 月 7 日，获云南省科学技术突出贡献奖。

5 月，被云南省学位委员会聘为云南省学位委员会第二届委员会委员。

7 月 5 日，被文山州人民政府聘为文山州铝业开发顾问。

8 月，“内热式多级连续蒸馏真空炉”获中国国际专利与名牌博览会金奖。

2004 年

1 月 20 日，“硬锌真空蒸馏提锌和富集锗铟银”项目获中华人民共和国国家技术发明奖二等奖。

4 月，被昆明理工大学学术委员会聘请担任昆明理工大学学术委员会副主任委员，聘期四年。

8 月，昆明理工大学真空冶金及材料研究所被评为云南省有色金属真空冶金重点实验室。

8 月，被昆明市青年科技奖领导工作委员会聘为首届昆明市青年科技奖专家评审委员会主任。

9月13日，“锂的真空冶炼法”项目获第五届中国国际发明展览会发明创造奖。

10月18日，被云南省科学技术厅聘为续修《云南省志·科学技术志》编纂委员会顾问。

2005年

5月，膀胱肿瘤复发，由昆明医学院第一附属医院泌尿外科马鸿钧主任主刀，采用膀胱电切术做了第二次手术。

11月，主持创建的云南省有色金属真空冶金重点实验室被评为真空冶金国家工程实验室，为国家发改委批准建设的首批国家工程实验室之一。

8月，通海一中老七班的几个同学提出在通海一中设立一个奖学金奖励品学兼优的学生，戴永年先后捐款两次，共计八万元，设立了“优秀学生奖”。

2006年

2月13日，与云南铜业集团合作的“硒提纯新技术开发”项目获中国有色金属工业科学技术奖二等奖。

5月，再次出现血尿现象，经确诊为膀胱癌复发，由昆明医学院第一附属医院泌尿外科申吉泓主任邀请他的博士导师华西医科大学的杨宇如教授来昆为戴永年进行第二次膀胱电切术。

9月7日，真空冶金国家工程实验室的“铝镁钛锌有色金属清洁冶金创新团队”建设立项。

9月13日，被云南宏盛锦盟实业有限公司聘为其公司顾问。

12月，被昆明国家高新产业开发区管理委员会聘为昆明国家高新技术产业开发区管理委员会国家咨询委员会顾问，聘期五年。

2007年

10月12日，被柳州高新技术产业开发区管理委员会聘为其高级顾问。

12 月 25 日，“从含铟粗锌中高效提取铟清洁冶金新技术”项目获中国有色金属工业科学技术奖一等奖。

12 月 27 日，被云南铜业（集团）有限公司聘为该公司第二届科学技术顾问，聘期三年。

2008 年

1 月 10 日，被昆明理工大学聘为昆明理工大学学科建设专家咨询委员会主任，聘期两年。

2 月 25 日，“从含铟物料中综合高效提取金属铟和锌”项目获云南省科学技术奖一等奖。

7 月，出资十万元，在通海一中建“学思亭”（学校改名为永瑞亭）以供老师、同学们使用。

9 月，转让一台卧式真空炉给越南工厂。

2009 年

3 月 9 日，在昆明理工大学举办戴永年院士 80 寿辰暨冶金高端论坛会议。

8 月，被《云南冶金》编辑部聘为该刊专家顾问委员会顾问。

8 月 8 日，被昆明贵金属研究所贵金属编辑部聘为《贵金属》期刊第四届编委会学术顾问，聘期三年。

9 月 10 日，获云南省教育功勋奖。

12 月，开始反复尿急、尿频、尿痛，在昆明医学院第一附属医院持续治疗至 2010 年 8 月。

12 月 23 日，“从含铟粗锌中高效提炼金属铟的技术”项目获国家技术发明奖二等奖。

2010 年

1 月 16 日，获中南大学云南校友会颁发的校友工作先进个人。

2 月，被昆明市科学技术协会聘为科协的科学顾问。

4 月 17 日，被云南冶金集团股份有限公司聘为该公司专家咨询委员会委员，聘期五年。

4 月 29 日，获中南大学授予的中南大学杰出校友称号。

6 月，被云南省老科技工作者协会聘为该协会第四届理事会顾问。

8 月，由于病情得不到缓解，转入北京 301 医院进行治疗，被确诊为膀胱过度活动症。

9 月，出院返回昆明。

9 月 19 日，被中国有色金属学会聘为第六届理事会资深常务理事。

12 月，被贵研铂业有限公司聘为“贵稀金属综合利用新技术国家重点实验室”学术委员会委员。

2011 年

5 月，去广东省中医药大学第一附属医院看病。

6 月，中共云南省委授予“云岭先锋奖章”。

9 月，去长沙市中南大学湘雅二医院看病。

11 月 22 日，被云南冶金集团股份有限公司聘为该公司科学技术进步委员会外聘专家，聘期五年。

2012 年

5 月，再次为通海一中捐款十万元，设立“优秀园丁奖”为了对学校的老师员工进行奖励。

6 月 12 日，被昆明理工大学聘为昆明理工大学卓越工程师教育培养计划校企合作专家指导委员会主任，聘期四年。

2013 年

8 月 16 日，出现剧烈腹痛，紧急送往昆明医学院第一附属医院。

8月17日，在检测手段无法确诊的情况下，进行手术剖腹探查，确诊为肠梗阻，切除了坏死的小肠约90公分。

2014年

11月，向通海一中捐款18万元。

2015年

9月10日，向昆明理工大学捐款30万元，成立“昆明理工大学创新奉献奖”。

12月16日，“复杂锡合金真空蒸馏技术及产业化应用”项目获国家科学技术进步奖二等奖。

2016年

3月7日，再次出现血尿，入住昆明医科大学第一附属医院泌尿外科，确诊膀胱癌复发，并转移前列腺癌。

3月15日，由申吉泓主任主刀进行电切术治疗，并进行膀胱造瘘术。

6月25日，开始进行靶向放射治疗。

8月7日，出院回家休养。

2017年

6月10日，为昆明理工大学冶金与能源工程学院全体党员教工做题为《诚信踏实、坚守党性、为人民尽责》的主题党课报告。

12月18日，因排尿困难，入住昆明医科大学第一附属医院干疗科，确诊为膀胱下部肌肉阻塞，建议进行尿道插管治疗。

2018年

6月27日，出院回家休养。

附录二

戴永年已毕业研究生名单

已获博士学位学生名单

序号	姓名	毕业时间	论 文 题 目
1	刘日新	1993	粗锌真空精炼研究
2	邓智明	1994	粗铋真空蒸馏脱银新工艺研究
3	王 华	1996	用稻壳制备氮化硅超微粉的研究
4	魏 昶	1996	硬锌富集铟的真空处理及真空炉设计计算机辅助计算
5	王达健	1997	多元系热力学与相平衡分析应用
6	钟 胜	1998	氧化镁真空碳热还原研究
7	杨 斌	1998	真空冶炼法提取金属锂的研究
8	吴国元	1999	低价硫化铝法自氧化铝炼铝及其应用的研究
9	陈为亮	2000	真空精炼锂的研究与氧化锂真空碳热还原初探
10	江映翔	2003	紫外线损伤微生物机理及增强活性污泥降解特性应用研究
11	李志华	2004	真空中煤还原氧化镁的研究
12	姚耀春	2005	尖晶石 $LiMn_2O_4$ 的制备及其电池制作技术与性能研究
13	何 方	2005	熔融盐循环热载体无烟燃烧技术的基础研究
14	王平艳	2006	真空碳热还原氯化法炼铝的研究
15	宋 宁	2007	超声—微波化学共沉淀法制备 ITO 和 CIO 纳米粉体的研究
16	刘大春	2008	从铟锌复杂物料中提取金属铟的新工艺研究
17	魏奎先	2009	真空冶金法去除工业硅中易挥发杂质制备太阳能级多晶硅的研究
18	李秋霞	2009	低价氟化铝真空歧化分解法提取金属铝的研究

续表

已获博士学位学生名单			
序号	姓名	毕业时间	论文题目
19	贾国斌	2010	若干铅基合金真空蒸馏分离提纯的研究
20	梅向阳	2010	真空定向凝固法去除硅中金属杂质和晶体生长控制的研究
21	于站良	2010	超冶金级硅的制备研究
22	冯月斌	2011	氧化铝真空碳热还原和碳热还原-氯化-歧化反应研究
23	胡成林	2012	锂离子电池正极材料磷酸铁锂的合成与改性研究
24	伍继君	2012	冶金法制备太阳能级硅工艺中氧化精炼除硼应用基础研究
25	易惠华	2012	锂离子电池正极材料 $LiMnPO_4$ 的制备及改性研究
26	王宇栋	2013	高铅铜合金粉末制取技术研究
27	田阳	2012	氧化镁真空碳热还原法炼镁基础理论与实验研究
28	徐宝强	2012	钙蒸气还原二氧化钛制备金属钛粉的基础研究
29	王飞	2012	稀土硫氧化物发光材料的真空制备及其发光性质研究
30	余文轴	2014	电磁定向结晶从过共晶铝硅合金中富集初晶硅及提纯硅的研究
31	储清梅	2014	碱性含氟液对太阳电池用单晶硅的腐蚀机理研究
32	曲涛	2015	高镁硅红土镍矿真空碳热还原—磁选工艺研究
33	蒋文龙	2015	铅铜银合金真空蒸馏基础研究
34	李一夫	2015	复杂锡合金真空蒸馏分离提纯的研究
35	冯福山	2015	镍锰基锂离子电池正极材料的制备及性能研究
36	张聪	2017	多晶硅铸锭低少子寿命红区抑制与工艺优化研究
37	杜远超	2018	$LiFe_{1-x-y}Mn_xMg_yPO_4/C$ 复合材料的制备及性能研究
38	黄小鹏	2018	锂离子电池 $LiFePO_4$ 正极材料的改性和形貌可控研究
已获硕士学位学生名单			
1	郭先健	1986	氧化锌真空还原基本规律的研究
2	丘克强	1987	铅-锑二元系的热力学性质及测定蒸气压新装置的研究
3	夏丹葵	1988	用改进的朗格缪尔法则测定锌-镉系中镉的蒸气压
4	刘伯龙	1988	关于锑氧化矿或硫氧混合矿的真空处理问题研究
5	虞冠敏	1998	钢件热浸脱铅新工艺的研究

续表

已获硕士学位学生名单			
序号	姓名	毕业时间	论 文 题 目
6	张 彬	1988	砷-铁-锡三元合金真空蒸馏脱砷过程研究
7	陈 燕	1989	金属镉真空蒸馏基本规律的研究
8	蔡晓兰	1989	锌焙砂真空还原规律性研究
9	王学文	1990	铜炉渣真空热处理的研究
10	杨 斌	1990	金属铅真空蒸馏基本规律的研究
11	邓智明	1991	真空蒸馏锰铁合金制造金属锰基本规律的研究
12	魏宗平	1991	银-锑二元系热力学性质研究
13	李金华	1991	真空蒸馏电解锰制取金属锰粉的工艺研究
14	曹明艳	1992	砷钴矿真空蒸馏脱砷研究
15	丁伟安	1993	粗铋真空蒸馏深度脱银的研究
16	钟 胜	1994	超微粒子制备研究
17	李秋霞	1994	粗锌真空蒸馏除铅的研究
18	胡 军	1996	铅锑合金真空蒸馏基本规律的研究
19	李志华	2002	氧化镁真空碳热还原反应实验研究
20	姚耀春	2003	锂离子电池正极材料锂锰氧的研制
21	熊利芝	2003	真空蒸馏加剂除铅制备五九高纯铋新工艺研究
22	武洁花	2003	真空还原铝土矿制备金属铝的工艺研究（备料部分）
23	任海伦	2004	阴极材料 $LiMn_2O_4$ 铬掺杂的合成及性能研究
24	薛怀生	2004	真空碳热还原煅白制取金属镁实验研究
25	崔萌佳	2005	尖晶石锰酸锂的合成及掺杂改性研究
26	李伟宏	2005	锂离子二次电池有机电解液研究
27	徐宝强	2005	阻燃级超微氢氧化镁的制备研究
28	刘 露	2006	导电剂中添加金属粉末对锂离子电池性能的影响
29	赵 亮	2006	钒氮微合金化硬线钢组织和性能的研究
30	闫建英	2006	锂镍钴氧正极材料制备新工艺的研究
31	易惠华	2006	锂离子电池正极材料 $LiFePO_4$ 的合成与性能研究
32	白育敏	2006	锂离子电池正极材料 $LiMn_2O_4$ 的制备及表面包覆的研究

已获硕士学位学生名单			
序号	姓名	毕业时间	论　文　题　目
33	高　菲	2006	功能添加剂对 PC 基电解液的性能改善研究
34	王　凤	2006	掺杂型尖晶石 $LiMn_2O_4$ 的试验研究及合成
35	熊　学	2007	锂离子二次电池正极材料磷酸铁锂的合成及其改性研究
36	王兴勤	2007	稀土及锆掺杂对尖晶石 $LiMn_2O_4$ 的影响
37	胡成林	2007	锂离子电池正极材料磷酸铁锂的合成与改性研究
38	李一夫	2008	真空碳热还原菱镁矿制取金属镁的实验研究
39	郑　毅	2008	结晶器保护渣热特性分析仪的开发及应用
40	叶宏亮	2008	工业硅生产过程生命周期评价研究
41	蒋文龙	2009	碳热还原氧化铝制取金属铝的研究
42	王鹏程	2009	氧化铝真空碳热还原实验研究
43	廖文明	2009	以 $LiFePO_4$ 为正极材料的锂离子电池制作工艺及性能研究
44	梁风	2009	孔状纳米级锂离子电池正极材料磷酸铁锂的制备与研究
45	潘峰	2009	单晶硅太阳电池扩散工艺和绒面制备的研究
46	周清平	2009	真空蒸馏法从含铊渣中提取铊的工艺研究
47	袁海滨	2010	氧化铝真空碳热还原氯化法炼铝的机理及其工艺的研究
48	孙学磊	2010	磷酸铁锂正极材料制备及其电化学性能研究
49	朱富龙	2011	氧化铝真空碳热还原—氯化过程的机理及实验研究
50	吴鉴	2011	氢化分解法从工业级碳酸锂提纯制备电池级碳酸锂
51	周晓玲	2011	锂离子电池负极材料 $Li_4Ti_5O_{12}$的制备与性能研究
52	吴肇聪	2011	锂离子电池正极材料 $LiFePO_4$ 的制备与性能研究
53	森维	2011	碳热还原二氧化钛法制备微米碳化钛粉末的实验研究
54	万贺利	2012	钙热还原 TiO_2 法制备金属钛粉的实验研究
55	樊粉霞	2012	真空铁热还原制备金属锂的研究
56	刘环	2012	锂离子电池三元正极材料的制备及电化学性能测试
57	李冬生	2012	真空蒸馏—区域熔炼联合发制备高纯铟的研究
58	刘山	2013	$LiMnPO_4$ 基锂离子电池正极材料研究
59	刘艳丽	2013	锂离子电池 $LiNi_{0.5}Mn_{1.5}O_4$ 的合成及改性研究

续表

已获硕士学位学生名单			
序号	姓名	毕业时间	论文题目
60	杨成博	2013	碳热法炼镁过程中镁蒸气冷凝的实验研究
61	王昱超	2014	真空蒸馏法制备高纯镁的研究
62	王东生	2014	钙蒸气还原二氧化钛制备金属钛粉扩大实验研究
63	滕飞	2015	高压碱浸—常压酸浸法提纯鳞片石墨的研究
64	王威	2015	脆硫铅锑精矿真空蒸馏的实验研究
65	刘海	2016	真空碳热法炼镁过程中镁蒸气冷凝实验研究
66	董朝望	2016	真空冶金法分离脆硫铅锑矿中铅与锑的研究
67	高腾飞	2016	锂离子电池正极材料 $LiNi_{0.5}Mn_{0.5}O_2$ 的合成与改性研究
68	李康	2017	CO 气氛下镁蒸气冷凝的机理研究
69	袁聪聪	2017	生物质固定成型颗粒在 CO_2 气氛下热解、气化的动力学研究
70	熊能	2018	Investigation of the Interaction Between CO and Mg Vapor Under Vacuum
71	张达	2018	直流电弧等离子体法制备碳纳米材料的研究
72	叶富胜	2018	锂离子电池正极材料 $LiNi_{0.5}Co_xMn_{0.5-x}O_2$ 的合成与改性研究
已获工程硕士学位学生名单			
1	赵增昆	2002	氧化镁真空炭热还原物料制备研究
2	张霜华	2007	锂锰氧化物的制备与研究
3	彭学斌	2018	精制钴盐的生产工艺研究

戴永年发表的论文

[1] 戴永年. 铅熔炼炉（火渣）含铅原因及降低其含铅方法之研究. 中南大学学报（自然科学版），1956（01）：69~75.

[2] 戴永年. 含锡物料烟化过程的分析. 有色金属（冶炼部分），1965（01）：38~40.

[3] 戴永年. 焊锡处理流程的改进意见. 有色金属（冶炼部分），1965（01）：52.

[4] 戴永年. 含锡物料烟化过程的分析（续）. 有色金属（冶炼部分），1965（02）：43~45.

[5] 戴永年. 提高锡的选冶总回收的途径——低品位锡精矿的处理. 云南冶金，1973（04）：49~55.

[6] 戴永年. 提高锡的选冶总回收率的途径. 有色金属，1973（12）：58~62.

[7] 戴永年. 提高锡的选冶总回收率的途径——低品位锡精矿的处理. 有色金属，1973（12）：58~61.

[8] 戴永年. 锡精矿还原熔炼中铁与锡的关系. 云南冶金，1974（02）：23~30.

[9] 戴永年. 用鼓风炉强化锡的熔炼. 有色金属（冶炼部分），1975（11）：42~47.

[10] 戴永年. 铅-锡合金真空蒸馏分离. 有色金属（冶炼部分），1977（09）：24~30.

[11] 戴永年，何蔼平，周振刚，黄位森，李平均. 铅锡合金（焊

锡）真空蒸馏．昆明理工大学学报（理工版），1978（C1）：98~122.
[12] 戴永年．焊锡真空蒸馏脱铅扩大试验．云南冶金，1978（02）：40~48，59.
[13] 戴永年．锡生产的发展趋势．云南冶金，1979（03）：54~60.
[14] 戴永年，何蔼平，赵家德，许敏强，叶金忠．锡-砷-铅合金（炭渣）真空蒸馏．昆明理工大学学报（理工版），1979（03）：47~65.
[15] 戴永年．铅锡合金（焊锡）真空蒸馏．有色金属（冶炼部分），1979（04）：14~21.
[16] 戴永年．我国锡冶金技术的发展．有色金属（冶炼部分），1979（05）：8~12，37.
[17] 戴永年．铅锡合金（焊锡）真空蒸馏．有色金属，1980（02）：73~79.
[18] 戴永年，何蔼平，赵家德．炭渣真空蒸馏的初步探讨．云南冶金，1980（06）：28~34，51.
[19] 戴永年．粗锡真空蒸馏时少量杂质的挥发．昆明理工大学学报（理工版），1982（01）：138~147.
[20] Carman P C. 分子蒸馏和升华．戴永年译．真空冶金，1984（13）：1~12.
[21] 戴永年，杨树藩，赵冬泰，陈庆．回忆通海路灯社．通海史志，1985（01）：45~47.
[22] 戴永年．开发多种产品是提高经济效益的有效途径．有色金属（冶炼部分），1985（03）：38~40.
[23] 戴永年．粗铅真空连续精炼的扩大试验．真空冶金，1985（17）：1~7.
[24] 戴永年．重有色金属的真空冶金．有色金属（冶炼部分），1986（03）：30~39.

[25] 戴永年，陈枫．有色金属的真空冶金．昆明理工大学学报（理工版），1989，14（02）：13~18.

[26] 戴永年．有色金属真空冶金的现状和展望．昆明理工大学学报（理工版），1989，14（03）：4~9.

[27] 戴永年，黄治家，曾祥镇，朱同华，张韵华．铋银锌壳真空蒸馏过程规律研究．昆明理工大学学报（理工版），1989，14（03）：61~67.

[28] 戴永年．粗金属及合金真空蒸馏时各元素的分离．昆明理工大学学报（理工版），1989，14（04）：36~43.

[29] 戴永年，陈枫．有色金属的真空冶金．真空冶金，1990（01）：1~13.

[30] 戴永年．粗金属及合金真空蒸馏时各元素的分离．真空冶金，1990（01）：14~28.

[31] 戴永年，张国靖．锑铅合金的真空蒸馏分离．中国有色金属学报，1991，1（01）：39~45.

[32] 戴永年．银锌壳真空蒸馏．重有色冶炼，1991（01）：12~17.

[33] 戴永年，夏丹葵，陈燕，蔡晓兰，杨斌，李金华，邓智明，魏宗平．金属在真空中的挥发性．昆明工学院学报，1994，19（6）：26~33.

[34] 戴永年．有色金属真空冶金进展．中国工程院第五次院士大会，2000.

[35] 戴永年，杨斌，马文会．云南有色金属工业发展探讨．云南冶金，2002，31（03）：81~85.

[36] 戴永年．真空冶金改造某些传统技术——有色金属工业可持续发展的一个新方向．新材料产业杂志，2002（8）：25~29.

[37] 戴永年，杨斌，马文会，陈为亮．有色金属真空冶金进展．2004 全国真空冶金与表面工程学术研讨会，2004.

[38] 戴永年，杨斌，马文会，杨部正，陈为亮．有色金属真空冶金

炉研究进展.2004 全国能源与热工学术年会，2004.
[39] 戴永年，杨斌，马文会，陈为亮，代建清．有色金属真空冶金进展．昆明理工大学学报（理工版），2004，29（04）：1~4.
[40] 戴永年，杨斌，姚耀春．锂离子电池发展状况.2005 中国储能电池与动力电池及其关键材料学术研讨会，2005.
[41] 戴永年，杨斌，杨部正，马文会．真空中锌合金分离及锌的提纯．中国工程院化工、冶金与材料工程学部第五届学术会议，2005.
[42] 戴永年，杨斌，马文会，陈为亮．有色金属真空冶金进展.2005 全国真空冶金与表面工程学术会议，2005.
[43] 戴永年，杨斌，徐宝强，李伟宏．关于加快西部矿产品开发及深加工的建议.2005 年云南省青海省矿业可持续发展高层论坛，2005.
[44] 戴永年，杨斌，姚耀春，马文会，李伟宏．锂离子电池的发展状况．电池，2005，35（03）：193~195.
[45] 戴永年，杨斌，徐宝强，李伟宏．关于加快西部矿产品开发及深加工的建议．中国工程科学，2005，7（04）：19~23.
[46] 戴永年，杨斌，马文会，李伟宏，胡成林．锂离子电池和轻型电动车发展概况.2006 动力离子电池技术及产业发展国际论坛，2006.
[47] 戴永年．戴永年：努力把工科科研成果产业化．新材料产业杂志，2006（09）：1.
[48] 戴永年，杨斌，马文会，李伟宏，胡成林．锂离子电池和轻型电动车的发展．新材料产业杂志，2006（09）：16~18.
[49] 戴永年．努力把工科科研成果产业化．金属热处理，2006（12）：1.
[50] 戴永年．锂离子二次电池材料及其器件发展动态．中国科技成果，2006（22）：28~31.

[51] 戴永年，杨斌，马文会，刘大春，徐宝强，韩龙．金属及矿产品深加工．中国工程院化工、冶金与材料工程学部第六届学术会议，2007.

[52] 戴永年．我国有色冶金发展初探．山西冶金，2007，30（01）：1~3.

[53] 戴永年．发展高新技术产业加强产品深加工促进经济发展．云南科技管理，2007，20（03）：5~6.

[54] 戴永年．真空冶金发展动态．中国真空学会 2008 年学术年会，2008.

[55] 戴永年，马文会，杨斌，刘大春，徐宝强，韩龙．粗硅精炼制多晶硅．中国工程院化工、冶金与材料工学部第七届学术会议，2009.

[56] 戴永年．论教育过程中学生权利的保护．课外阅读，中旬刊，2011（第 1 期）．

[57] 戴永年，马文会，杨斌，刘大春，栗曼，魏钦帅．粗硅的氧化精炼．昆明理工大学学报（自然科学版），2012，37（06）：12~20.

[58] Dai Yongnian，He Aiping. Vacuum distillation of lead-tin alloy. 昆明理工大学学报（理工版），1989（03）：16~27.

[59] Dai Yongnian，Chen Feng，He Zikai. Thermodynamic behavior of lead-antimony alloy in vacuum distillation. 昆明理工大学学报（理工版），1989（01）：10~15.

附录四

戴永年获得专利情况

名称	批准年份	专利号	发明人
内热式多级连续蒸馏真空炉	1989	ZL 87 2 09402. 2	戴永年、黄位森、何蔼平、缪尔盛、陶恒昌、段穿孝、戴咏雪、周振刚、兰治娟、王家禄
粗铅火法精炼新技术	1989	ZL 87 1 04574. 5	戴永年、贺子凯、刘鸣静、孙振武、杨部正、王家禄
锌镉合金真空蒸馏分离方法	1993	ZL 89 1 08164. X	戴永年、李淑兰、邓琴芳、张本明、施恩潭、黎锡辉
热镀锌渣真空蒸馏提锌方法及设备	1993	ZL 91 1 01840. 9	戴永年、罗文洲、邱克祥、张国靖、王玉仁、杨　斌、王承兰、李淑兰、陈　雯、蔡晓兰
一种加锌除银新设备	1997	ZL 95 2 50212. 7	戴永年、杨部正、杜永生、杨　斌、罗文洲、张国靖、王承兰、吴昆华
密封热重金属分离器	1999	ZL 97 2 19865. 2	戴永年、杨　斌、张国靖、刘永成、杨部正、吴昆华、王承兰、罗文洲
锑铅合金用硫除铅的方法	1999	ZL 96 1 22136. 4	戴永年、杨　斌、杨部正、张国靖、罗文洲、吴昆华、王承兰、刘永成
硬锌真空蒸馏提锌和富集锗铟银	2001	ZL 98 1 07600. 9	戴永年、吴昆霖、杨　斌、罗文洲、邓学广、李清湘、张国靖、杨部正、陈世农、吴昆华、曾志初、李金华
锂的真空冶炼法	2001	ZL 97 1 00995. 3	戴永年、杨　斌、张国靖、吴昆华、王承兰、杨部正、罗文洲

续表

名称	批准年份	专利号	发 明 人
中温真空法处理泥磷提取黄磷	2002	ZL 99 1 26936. 5	戴永年、江映翔、杨　斌、吴昆华、刘永成、杨部正、陈文亮
含锑粗锡分离锑的方法	2005	ZL 96 1 13164. 0	戴永年、杨　斌、张国靖、吴昆华、王承兰

附录五

戴永年专著

一、专著

[1] 戴永年，赵忠．真空冶金．北京：冶金工业出版社，1988.
[2] 戴永年，有色金属真空冶金．北京：冶金工业出版社，1998.
[3] 戴永年，杨斌．有色金属材料的真空冶金．北京：冶金工业出版社，2000.
[4] 戴永年，金属及矿产品深加工．北京：冶金工业出版社，2007.
[5] 戴永年，有色金属材料的真空冶金（第2版）．北京：冶金工业出版社，2009.
[6] 戴永年，戴永年论文集．北京：冶金工业出版社，2009.
[7] 戴永年，二元合金相图集．北京：科学出版社，2009.

二、其他参编著作

[1] 戴永年，等．锡冶金．北京：冶金工业出版社，1977.
[2] 戴永年，等．中国大百科全书·采矿冶金学．北京：中国大百科全书出版社，1982.
[3] 戴永年，等．世界有色金属工厂及公司概况．北京：冶金工业出版社，1982.

附录六

戴永年获得的奖励

成果名称	类　别	获奖等级	排名	获奖年份	主要合作者
焊锡真空脱铅用真空炉	国家发明奖	四等	1	1987	张国靖、贺子凯等
粗铅火法精炼新流程	国家科技进步奖	二等	1	1989	贺子凯、刘鸿静等
真空蒸馏提锌和富集锗铟银	国家技术发明奖	二等	1	2004	张国靖、李淑兰、杨　斌、罗文洲等
从含铟粗锌中高效提炼金属铟的技术	国家技术发明奖	二等	3	2009	杨　斌、刘大春、杨部正、马文会、徐宝强
复杂锡合金真空蒸馏新技术及产业化应用	国家科技进步奖	二等	3	2015	杨　斌、刘大春、马文会、戴卫平、徐宝强
焊锡真空蒸馏脱铅	冶金部科技奖	四等	1	1979	张国靖、贺子凯等
焊锡真空脱铅工艺	云南省科技奖	三等	1	1980	张国靖、贺子凯等
粗铅真空综合精炼直接制取电缆合金	云南省科技进步奖	二等	1	1987	贺子凯、孙振武、杨部正、李天兴等
硬锌、底铅真空蒸馏富集锗、铟	冶金部科技奖	四等	1	1993	张国靖、李淑兰等
热镀锌渣真空蒸馏提锌	冶金部科技进步奖	二等	1	1994	张国靖、罗文洲、杨　斌等

续表

成果名称	类别	获奖等级	排名	获奖年份	主要合作者
金属及合金真空挥发基本规律研究	云南省自然科学奖	三等	1	1996	杨 斌、蔡晓兰、李金华、夏丹葵、陈 燕等
硬锌真空蒸馏提锌和富集锗、铟、银	中国有色金属工业总公司科技进步奖	二等	1	1998	张国靖、罗文洲、杨 斌、刘大春等
真空法回收锗铟锌工艺及设备研究	广东省科技进步奖	一等	1	1999	杨 斌、吴昆霖、邓学广等
硒提纯新技术开发	中国有色金属工业科学技术奖	二等	3	2006	杨 斌等
从含铟粗锌中高校提取铟的清洁冶金新技术	中国有色金属工业科学技术奖	一等	3	2007	杨 斌、刘大春等
《真空冶金》	国家优秀科技书刊	二等	1	1990	赵 忠
戴永年	中国真空学会真空科技成就奖		1	1994	
戴永年	云南省科学技术突出贡献奖		1	2003	
戴永年	云南省教育功勋奖		1	2009	
戴永年	云岭先锋奖章		1	2011	